AF559463

Guy Newland

Einführung in die Leerheit

Guy Newland

Einführung in die Leerheit

Die Essenz der buddhistischen Philosophie

Nach der Darstellung in Tsong-kha-pas

»Große Abhandlung über den Stufenweg«

Übersetzung aus dem Amerikanischen
von Kai Mummenbrauer

Diamant Verlag München

© des englischen Originals Guy Newland 2008
Titel des Originals: *Introduction to Emptiness*
Erschienen bei: *Snow Lion Publications*, Ithaca, New York

Bibliografische Information der Deutschen Bibliothek
Die Deutsche Bibliothek verzeichnet diese Publikation in der Deutschen Nationalbibliografie; detaillierte bibliografische Daten sind im Internet über http://dnb.ddb.de abrufbar.

Alle Rechte der deutschen Ausgabe: Diamant Verlag München 2009
© Diamant Verlag München 2009

ISBN 978-3-9810682-8-3

1. Auflage 2009

Übersetzung: Kai Mummenbrauer
Lektorat: Claudia Wellnitz und Christel Drescher
Layout: Traudel Reiß
Umschlaggestaltung: Jörg Hoffmann
Druck, Buchbindung: Druckerei Pohland, Augsburg

Alles ist getrennt
Nichts ist vollkommen
Alles sieht beeindruckend aus
Lass dich nicht täuschen

David Byrne

Einige werden dir sagen,
es sei nicht wichtig. Das ist
eine Lüge. Alles, jedes einzelne Ding
ist wichtig. Und
nichts Gutes
geschieht schnell.

Gogisgi (Carroll Arnett)

Inhalt

Einführung des Autors

LEERHEIT? Wir wissen, dass der Buddhismus lehrt, die letzte Wirklichkeit sei Leerheit, also muss es sich dabei um etwas Wichtiges handeln. Vielleicht haben wir das Gefühl, dieses Wort deute auf irgendein mystisches Nichts hin. Die Leerheit zu verstehen stellte schon immer eine gewisse Herausforderung dar, selbst wenn man über eine starke Motivation verfügt. Ich hoffe, dass dieses Buch dabei hilfreich sein kann.

Wenn Sie ein gewisses Hintergrundwissen über den Buddhismus mitbringen, ohne jedoch in buddhistischer Philosophie besonders bewandert zu sein, dann sind Sie der Leser, den ich mir vorgestellt habe, als ich dieses Buch schrieb – ganz gleich, ob Sie ein ernsthaft Praktizierender oder einfach nur neugierig sind. Ich freue mich, Sie in etwas einzuführen, das seit über dreißig Jahren eine andauernde Faszination auf mich ausübt: Leerheit, wie sie die Ge-lug-Tradition des tibetischen Buddhismus darstellt.

Dieses Buch basiert im Wesentlichen darauf, dass ich in meinen eigenen Worten die wesentlichen Ideen und Argumente zusammenfasse und erkläre, die der Gründer der Traditionslinie, Tsong-kha-pa Lobsang Drakpa (1357-1419) im Abschnitt »Einsicht« seines umfangreichen Textes *Große Abhandlung über den Stufenweg* (Tib. *bzang chub lam rim chen mo,* im weiteren Text *Große Abhandlung*) darlegt. Tsong-kha-pa hatte die Literatur des indischen und tibetischen Buddhismus, deren Erbe er angetreten hatte, gemeistert. Nach ausgedehnter Meditation erlebte er den Durchbruch zu einer ausgesprochen feinsinnigen und umfassenden Sichtweise, die die Aussagen dieser Lehren zusammenfasste und in Einklang brachte. 1402 legte Tsong-kha-pa diese Sicht in der *Großen Abhandlung* dar; 600 Jahre später veröffentlichte eine Gruppe buddhistischer Gelehrter unter der Leitung von Joshua Cutler eine vollständige englische Übersetzung (*Snow Lion Publications*, 2000-2004). Wenn ich mich in diesem Buch auf die *Große Abhandlung* beziehe, verweise ich unter Angabe des Bandes und der Seitenzahl auf diese Übertragung.

Bei der Herausgabe dieses Werkes war Joshua und mir sehr daran gelegen, eine Übersetzung zu schaffen, die dem Tibetischen treu folgt und dabei auf Englisch klar und lesbar ist. Wir glauben, dass wir dieses Ziel über weite Strecken erreicht haben, doch sind einige Passagen in Band III, die von der *Einsicht* in die Leerheit als die grundlegende Natur der Wirklichkeit handeln, von solcher Komplexität, dass sie dem Leser von keiner Übersetzung für sich allein vollständig zugänglich gemacht werden können. Dies liegt schlicht und einfach daran, dass Tsong-kha-pa, als er über die Leerheit schrieb – wie die meisten traditionellen buddhistischen Autoren – eben nicht vorhatte, sie Anfängern zu erklären.

Mein Ziel in diesem Buch ist es, die Kluft zwischen zeitgenössischen Lesern, die ein Verständnis der Leerheit erlangen möchten, und Tsong-kha-pas tiefen Erklärungen zu überbrücken. Da es sich bei der *Großen Abhandlung* unbestreitbar um ein klassisches Werk handelt, werden gewiss andere Bücher erscheinen, die jenen Lesern zu Hilfe kommen, die bestrebt sind, selbst die kniffligsten Passagen des Abschnitts »Einsicht« zu verstehen. Doch brauchen wir zunächst eine Ausgangsbasis. Meine Absicht war es, durch Destillieren, Zusammenfassen und Neuformulieren der Schlüsselideen Tsong-kha-pas und unter Zuhilfenahme der Beispiele, die ich bei meinen eigenen Studenten anwende, einen Teil seiner Bedeutung zugänglich zu machen.

Jeder, der Tsong-kha-pa aufmerksam liest, spürt die Kraft der Inspiration, von der er berührt wurde. Seine Lehren sind von universeller Bedeutung, insofern sie Klarheit in die Struktur der menschlichen Alltagserfahrung eines jeden Jahrhunderts bringen. Die Tore zu dieser Lehre sollten all jenen weit offen stehen, auf die diese Herausforderung Anziehungskraft ausübt.

Danksagung

Die hier dargelegten Ideen stammen von Tsong-kha-pa. Bei dem Versuch, diese Ideen zu erklären, haben mir insbesondere die Veröffentlichungen von Elizabeth Napper und Jeffrey Hopkins geholfen, speziell Nappers *Dependent Arising and Emptiness* (*Wisdom Publications*, 1989) und »Ethics as the Basis of a Tantric Tradition« in *Changing Minds* (*Snow Lion Publications*, 2001), sowie Hopkins *Meditation on Emptiness* (*Wisdom Publications*, 1996), *Emptiness Yoga* (*Snow Lion Publications*, 1987) und »A Tibetan Delineation of Different Views of Emptiness in the Middle Way School« (in *Tibet Journal* 14, Nr. I [1989]).

Studien mit Geshe Palden Drakpa und Gen Losang Gyatso in Indien haben mich darauf vorbereitet, Tsong-kha-pas Lehren verstandesmäßig zu erfassen und in Worte zu bringen. Geshe Palden Drakpa hat sich auf meine Fragen eingelassen und mich mit großem Mitgefühl darauf hingewiesen, dass es unerlässlich für mich sei, etwas vom Madhyamaka-System zu verstehen. Einige seiner Fingerzeige führten mich direkt zu der *Großen Abhandlung*. Auch gilt mein Dank Donald S. Lopez, Jr., meinem ersten Tibetisch-lehrer und geistigen Vater des *Lamrim-Chenmo*-Übersetzungsprojekts. Im Laufe der Jahre haben mir Beziehungen zu vielen anderen Personen in meinem Nachdenken über die Leerheit geholfen, darunter Jay Garfield, William Magee, Anne Klein, Dan Cozort, Georges Dreyfus und David Loy.

Zu meinem Versuch, unter weitestgehendem Verzicht auf scholastischen Jargon über Leerheit zu schreiben, wurde ich von verschiedenen Autoren und Lehrern inspiriert, die dies schon früher getan haben, so etwa von Jeffrey Hopkins in *The Tantric*

Distinction (*Wisdom Publications*, 1984), Paul Williams in »Madhyamaka for Midwives« (in *The Middle Way* 66 [1992]), Bob Thurman, David Loy, Roger Corless, Robert Aitken, Gary Snyder, Thich Nhat Hanh, Shunryu Suzuki, Lama Yeshe, Kensur Lekden, Geshe Rabten und von Seiner Heiligkeit dem Dalai Lama Tenzin Gyatso. Auch danke ich jenen Studenten an der *Central Michigan University,* die mich baten, Leerheit noch einmal anders zu erklären – weil sie diese wirklich verstehen wollten.

Mein Dank für die Unterstützung bei der Endredaktion geht an Thubten Chodron, Steve Rhodes und Gabriel Newland.

Ich danke meiner Frau, Valerie Stephens, für ihre Liebe und ihre Unterstützung.

Das Herzstück dieses Buches entstammt Diana Cutlers entschlossenem Dharma-Geist. Gemeinsam mit Joshua gab sie mir zu Anfang Inspiration und förderte mich entlang des Weges mit dem Zuspruch und der finanziellen Unterstützung, die ich brauchte. Ohne sie würde dieses Buch nicht existieren. Ich widme es Geshe Ngawang Wangyal und unserem mitfühlenden Lehrer, Seiner Heiligkeit dem Dalai Lama.

Kapitel 1

Wie man frei sein kann[1]

Leer wie der Himmel

Wir leiden unnötig, weil wir uns selbst nicht kennen. Wie Süchtige, die sich krampfhaft an einer Droge festhalten, können wir nicht von dem Gefühl lassen, dass wir substanziell, fest, unabhängig und autonom sind. In der Absicht, etwas zu erlangen oder anderen zu schaden, arbeiten wir große und kleine Pläne aus – sie alle gründen auf dieser falschen Wahrnehmung unserer Existenzweise, also dessen, was wir als Lebewesen sind. Ausgehend von diesem übertriebenen Selbst fügen wir anderen aus Furcht, Zorn oder Stolz Leid zu. Habgier entwickelt sich, weil wir auf jede flüchtige Laune dieses übertriebenen Selbst eingehen und es befriedigen wollen. Allerdings führt uns der Weg der Habgier und des Übelwollens keinesfalls zum Glück: Er ist Samsara, der Kreislauf von Unzufriedenheit und Elend. Immer und immer wieder, in jedem Moment, geraten wir in diese Falle, die wir uns törichterweise selbst gestellt haben. Wie die Droge eines Süchtigen ist die falsche Vorstellung von einem unabhängig existierenden Selbst die Quelle großen Elends für uns selbst und für andere.

Gewiss, wir existieren. Wir sind Lebewesen. Wir treffen Entscheidungen, und unsere Entscheidungen machen einen Unterschied, für uns und für andere. Ab einem bestimmten Punkt jedoch können wir es nicht einfach dabei belassen. Wir haben das Gefühl, dass wir auf der fundamentalsten Ebene in irgendeiner Weise fest und unabhängig existieren müssen, um wirklich, um lebendig zu sein. Der Tod erzählt uns eine ganz und gar andere Geschichte, und aus eben diesem Grund finden wir Millionen von Wegen, um die Botschaft des Todes nicht wahrnehmen zu müssen. Diese Botschaft ist, dass wir vergänglich sind. Unsere Körper lösen sich Moment für Moment auf, genau jetzt. Und obgleich wir verzweifelt etwas anderes glauben möchten, ist die Wahrheit, dass es unter unserem alternden Geist und unter unserem alternden Körper kein ewiges essenzielles Selbst gibt. Wir verfügen über keine natürliche Existenz, haben keine unabhängige Existenzweise.

Wir existieren bedingt, in gegenseitiger Abhängigkeit. Wir existieren, aber nur in Abhängigkeit von unseren Vorfahren, unseren Körperteilen, unserer Nahrung, der Luft, dem Wasser, und den anderen Mitgliedern unserer Gesellschaft. Anders existieren wir nicht; anders könnten wir nicht existieren. Bar jeglicher unabhängigen und substanziellen Natur, ist unsere Existenz allein deshalb möglich, weil sie weit weniger starr, weniger konkret ist, als wir sie uns vorstellen.

Anstatt die Dinge zu sehen, wie sie sind, überziehen wir uns und die uns umgebenden Gegenstände mit einer falschen Existenz, einer Selbstexistenz oder essenziellen Wirklichkeit, die tatsächlich überhaupt nicht existiert. In der hier dargelegten buddhistischen Philosophie ist die schiere Abwesenheit, der Mangel an jedweder Existenz dieser Art die letzte Wirklichkeit. Das ist die Leerheit (*stong pa nyid, shunyata*). Zwar mag dies trostlos, enttäuschend oder Furcht einflößend klingen, es ist jedoch die tatsächliche Natur der Wirklichkeit. Und in der Wirklichkeit, nicht in der Phantasie, liegen unsere letzte Hoffnung und unsere Zuflucht. Für uns und für andere führt der Pfad zur Freiheit von unnötigem Elend durch die tiefe Erkenntnis dieser grundlegenden Wirklichkeit.

Wie können wir, wenn wir am Anfang stehen, spüren, dass »Leerheit« etwas derart Positives darstellt? Das Wort hat starke negative Konnotationen. Es suggeriert zunächst das schiere Gegenteil eines befreienden spirituellen Pfades. Es mag an Hohlheit, Leblosigkeit, Verzweiflung und Hoffnungslosigkeit denken lassen.

Es mag darin Sinnlosigkeit anklingen. Wenn wir auf den Widerhall des Wortes in unseren Assoziationen horchen, scheint es nahe zu liegen, dass überhaupt nichts von Bedeutung ist.

In der Tat bedeuten die Wörter des Tibetischen und des Sanskrit, die wir mit »Leerheit« übersetzen, buchstäblich »Leerheit«. Sie weisen insbesondere auf einen Mangel, auf das Fehlen von etwas in den Dingen hin. Doch ist dies kein Mangel an Bedeutung, Hoffnung oder Existenz schlechthin. Es ist die Abwesenheit der übertriebenen und verzerrten Form von Existenz, die wir auf die Dinge und auf uns projiziert haben. Es ist die Abwesenheit einer falschen essenziellen Natur, mit der wir alles unbewusst ausgestattet haben. Es kann recht furchterregend sein, wenn sich die ersten Zweifel an dieser gröbsten Art von Wirklichkeit regen. Wir haben das Gefühl, dass die Dinge überhaupt nicht existieren können, wenn sie nicht in der massiven Weise existieren, in der wir sie zu sehen gewohnt sind.

Ziehen Sie jedoch in Betracht, dass wir uns *niemals* verändern könnten, wenn wir in der Tat auf sehr solide Weise existierten. Wäre es unsere wesentliche Natur, so zu sein wie wir sind, wären wir eben immer genau so. Wir wären eingeschlossen in der Existenz-so-wie-wir-jetzt-gerade-sind. Es könnte kein Leben geben – alles wäre statisch und starr eingefroren. Wir könnten mit anderen Lebewesen nicht interagieren, könnten nicht wachsen, nicht lernen. Wie könnten wir weiser werden? Wie könnten wir Freude finden?

Wir leben, wir wachsen, und dabei lernen wir, dass wir glücklich sind, wenn wir anderen Glück schenken können. Andere Lebewesen sind, wie auch ihr Leiden, leer, doch negiert dies keineswegs ihre Existenz oder das Schmerzliche ihres Leidens. Vielmehr heißt dies, dass Leiden kein unverrückbarer Teil der Wirklichkeit ist – es kann verwandelt werden. In der Tat *wird* es sich verändern. Ob es jedoch besser oder schlimmer wird, hängt von Ursachen und Umständen ab – was bedeutet, dass es, zu einem Teil, von uns abhängt.

Wir können uns die Leerheit wie den klaren, blauen Himmel vorstellen – ein durchsichtiger, weit offener Raum[2]. In diesem Sinne bedeuten unsere leeren Naturen, dass es keine Grenze hinsichtlich dessen gibt, was wir werden können. Wir sind nicht blockiert, eingeschränkt oder geknebelt. Zurzeit haben wir vielleicht nur beschränkte Fähigkeiten, um anderen zu helfen – Leerheit aber ist das Fehlen von Ketten, die uns hindern würden, weiser und liebevoller zu werden. Sie ist das Fehlen von Gitterstäben an der Tür, das Freisein von irgendeiner eingebauten Begrenzung dessen, was wir sein können. Wie weise vermögen wir zu werden? Wie fähig zu lieben? Wenn wir hierüber nachdenken, sollten wir uns keine Beschränkungen auferlegen, die nicht Teil der Wirklichkeit sind.

Unvermeidbar sehen wir uns Schwierigkeiten gegenüber – bisweilen großen Schwierigkeiten. Der Weg verlangt Zeit und Mühe. Die Hindernisse sind jedoch nicht unüberwindlich, da sie nicht in der Struktur der Wirklichkeit verankert sind. Grundsätzlich sind alle Dinge leer – und somit sind wir leer – von jeglicher intrinsischen Natur. Deshalb ist die Realität der Leerheit, versteht man sie korrekt, eine kraftvolle Heilquelle der Hoffnung und der Inspiration. Nur weil wir leer sind, erstreckt sich der Raum der Möglichkeiten dessen, was wir werden können, weit vor uns. Der Himmel ist die Grenze.

Tsong-kha-pas Lehre

In diesem Buch fasse ich zusammen, wie Tsong-kha-pa Lobsang Drakpa, der Gründer der Ge-lug-Tradition des tibetischen Buddhismus, die Leerheit in den späteren Abschnitten der *Großen Abhandlung* über den Stufenweg erklärt. Die 1402 erschienene *Große Abhandlung* war die erste von fünf bedeutenden Arbeiten, in denen Tsong-kha-pa einen Zugang zur buddhistischen Philosophie darlegte, bei dem der Wert von Logik und ethischen Normen innerhalb einer radikalen Auffassung der Leerheit erhalten bleiben – einer Auffassung, derzufolge alle Phänomene bar jeglicher essenziellen oder intrinsischen Natur sind. Wie andere Mahayana-Buddhisten geht Tsong-kha-pa davon aus, dass alle Lebewesen das Potenzial besitzen, als vollkommen erleuchtete Buddhas vollkommene Glückseligkeit zu erlangen. Der spirituelle Weg zur Buddhaschaft beinhaltet die ausgewogene Entwicklung zweier Faktoren: Weisheit – die um die Leerheit alles Existierenden weiß – und mitfühlendes Handeln zum Wohl aller Lebewesen. Weisheit zerstört jegliche Verdinglichung und dringt zur letztendlichen Wahrheit vor, ohne dabei jedoch die konventionellen Wahrheiten zu beschädigen, die uns existieren lassen, ethische Entscheidungen ermöglichen und es erlauben, den Leidenden beizustehen.

Die Wurzel unserer gegenwärtigen unbefriedigenden Lage im Kreislauf von Tod und Wiedergeburt ist unsere angeborene Tendenz, uns selbst in einer verdinglichenden Weise zu sehen, doch werden wir zudem von angeborenen Neigungen beherrscht, alle anderen Phänomene in verdinglichender Weise zu betrachten. Weisheit zu erlangen, die Leerheit zu verstehen bedeutet, diese verdinglichende Sichtweise durch die Erkenntnis zu überwinden, dass das von uns imaginierte exaltierte Selbst in der Tat überhaupt nicht existiert. Um zu dieser Erkenntnis vorzudringen, müssen wir uns, so betont Tsong-kha-pa, des Verstandes bedienen, um die Existenz dieses verdinglichten Selbst zurückzuweisen, die Nichtexistenz dieser objektivierten Essenz zu beweisen.

Das völlige Fehlen eines selbst-existenten Selbst – eines unabhängig existierenden Selbst, eines letztendlich wirklichen Selbst – in uns bedeutet *nicht*, dass wir überhaupt nicht existieren. Personen und andere Phänomene existieren in gegenseitiger Abhängigkeit voneinander. Der Buddha sprach von »sich selbst« und »seinen« Handlungen. Er gebrauchte das Wort »ich«. Es ist natürlich und korrekt, Sprache auf diese Weise zu verwenden. Personen und andere Dinge existieren lediglich in konventionellem Sinne, doch auf eben diese Weise zu existieren, ist vollkommen hinreichend – und tatsächlich notwendig – um so zu funktionieren, wie sie es tun. Ohne irgendeine festgelegte, unwandelbare, intrinsische Natur, ohne irgendeine uns innewohnende Daseinsbefähigung, sind wir trotzdem völlig in der Lage, Entscheidungen zu treffen und zu handeln.

Ein die Buddhaschaft anstrebender Bodhisattva, der mittels analytischer Introspektion zur korrekten philosophischen Sicht – der zufolge das Selbst nicht eine Spur intrinsischer Natur aufweist – vorgedrungen ist, schreitet auf dem Pfad voran, indem er sich in intensiver, tiefer und umfassender Meditation mit dieser Sicht vertraut macht. Diese Praktiken zur Kultivierung von Weisheit wirken in einem kraftvollen Zusammenfließen der Energien gemeinsam mit dem Mitgefühl und der Liebe des Bodhisattva.

Mancher mag es als paradox oder geradezu absurd ansehen, dass Bodhisattvas machtvolles Mitgefühl für Wesen entwickeln, deren grundlegende Natur die Leerheit ist. In der Praxis jedoch kann die Erkenntnis der Leerheit die Kraft des Mitgefühls auf vielfache Weise unterstützen und stärken: (1) Durch die Einsicht, dass es keinen inhärent existierenden Unterschied zwischen sich und dem anderen gibt, untergräbt der Meditierende das Streben danach, sein umsorgtes Selbst über die anderen zu erheben. Er glaubt nicht länger, dass es »hier« ein unabhängig existierendes Selbst gebe, das unter Ausschluss oder gar auf Kosten all der essenziell anderen Personen »dort« geschützt oder befriedigt werden müsse. (2) Auch indem er erkennt, dass er mit allen Wesen eine fundamentale Natur der Leerheit teilt, stärkt der Meditierende eine für seine Liebe und sein Mitgefühl entscheidende tiefe Empfindung der Nähe zu anderen, der Verbundenheit mit ihnen. (3) Um zum Nutzen aller Wesen Buddhaschaft anzustreben, und im Wissen, dass sich die Seinsweise eines Buddhas von der seines gegenwärtigen Zustands radikal unterscheidet, muss der Meditierende eine kraftvolle Überzeugung entwickeln, dass Verwandlung zu einem vollkommen erwachten Buddha tatsächlich möglich ist. Diese Überzeugung erwächst aus der Einsicht, dass seine gegenwärtige, beschränkte Fähigkeit anderen zu helfen eben nicht in seiner Natur gründet. Seine fundamentale Natur ist Leerheit, die sich unendlichen Möglichkeiten zur Verwandlung öffnet. (4) Wenn sich ein Bodhisattva in Praktiken wie der Freigebigkeit übt, die im Mitgefühl ihren Antrieb haben, wird sein heilsames Handeln geläutert und in den Rang der *Vollkommenheiten* erhoben, indem es sich mit der Weisheit des Bodhisattva verbindet, die versteht, dass der Gebende, die Gabe, der Empfänger und der Akt des Gebens selbst samt und sonders leer von jeglicher inhärenten Existenz sind.

Die Kraft der Weisheit

Hingebungsvoll darum bemüht, allen Wesen Glück zu bringen, trachten Bodhisattvas von Anfang an danach, die enorme helfende Kraft eines Buddha zu erlangen, indem sie sich in den Sechs Vollkommenheiten schulen:

- Freigebigkeit
- Ethik
- Geduld
- freudige Ausdauer
- meditative Stabilisierung
- Weisheit

Es geht hier darum, zunächst jede dieser Tugenden zu kultivieren und sie dann so zu praktizieren, dass jede einzelne von den latenten Kräften der anderen durchdrungen und unterstützt wird. Freigebigkeit ist die geistige Neigung, materielle Ressourcen mit anderen zu teilen, andere zu schützen und sie den Dharma zu lehren. Ethik besteht im Loslassen von Gedanken und Neigungen, anderen zu schaden. Geduld beachtet Schaden nicht, der einem durch andere zugefügt wurde, akzeptiert das eigene Leiden tapfer und hält die vertrauensvolle Überzeugung im Dharma aufrecht.

Freudige Ausdauer ist Enthusiasmus und freudvolle Energie, die es uns ermöglicht, in tugendhaftem Handeln standhaft zu sein.

Meditative Stabilisierung ist ein tugendhaftes Bewusstsein, das unverrückbar auf sein Meditationsobjekt gerichtet bleibt, ohne sich von anderen Dingen ablenken zu lassen. Dieser kraftvolle und stabile Geisteszustand ist ein wunderbares Werkzeug, eine »innere Technologie«, die zu vielen Zwecken eingesetzt werden kann.

Weisheit hat ein weites Bedeutungsspektrum. Sehr häufig bedeutet sie in einem sehr speziellen Sinn ein Bewusstsein, das energisch die letztendliche Wirklichkeit erkennt, nämlich wie die Dinge endgültiger Analyse zufolge existieren. Um diese ganz besondere Art der Weisheit – den Geist, der Leerheit erkennt, – geht es uns in diesem Buch in erster Linie. Ein solcher Geist versteht, dass die Dinge in dem Sinne leer sind, dass sie jedweder Existenz in sich selbst und aus sich selbst heraus entbehren. Die Dinge existieren, doch nur in Abhängigkeit voneinander.

In einem weiter gefassten Sinne hingegen bezeichnet Weisheit jedwedes Erkennen und analytische Verstehen, das die Dinge als das sieht, was sie sind und in der Lage ist, eins vom anderen zu unterscheiden. Tsong-kha-pa lehrt, dass diese Art urteilender Weisheit für den Pfad von entscheidender Bedeutung ist. Die Entwicklung von Weisheit – oder jeder anderen Tugend – beginnt man, indem man über die Vorteile, sie zu besitzen, und über die Nachteile, sie nicht zu besitzen, reflektiert. Bei Anstrengungen jedweder Art treten Schwierigkeiten auf, somit ist es wichtig uns vorzubereiten, indem wir zunächst das Ziel, das wir zu erreichen trachten, klar ins Auge fassen. Vergegenwärtigen wir uns die Gründe, die uns nach diesem Ziel streben lassen, äußerst klar in unserem Geist, dann sind wir gegen Entmutigung gewappnet.

In der Tat ist diese Form des unterscheidenden Verstehens – sich Klarheit darüber zu verschaffen, was an der Weisheit gut ist, und was schlecht daran ist, nicht über sie zu verfügen – selbst schon eine Art Weisheit. Weisheit ist gleichsam unsere spirituelle Vision, und sie führt uns in Richtung des Guten. Ihre wegweisende Rolle unter den Sechs Vollkommenheiten wird mit der Rolle des geistigen Bewusstseins in Beziehung zu den fünf Arten von Sinnesbewusstsein verglichen. Weisheit versetzt Bodhisattvas in die Lage, korrekte Entscheidungen darüber zu treffen, was zu tun und zu lassen ist.

Man betrachte zum Beispiel einmal die Erste Vollkommenheit, Freigebigkeit. Im Falle einer Person, die gerade beginnt, Freigebigkeit zu praktizieren, ist es die Weisheit, die die Vorteile der Freigebigkeit und die Nachteile des Geizes erkennt. Bei fortgeschrittenen Bodhisattvas ist es später die nicht dualistische, unmittelbar zur Erkenntnis der Leerheit – der letztendlich gültigen Wirklichkeit – vordringende Weisheit, die es ihnen erlaubt, radikalere und machtvollere (unter anderen Voraussetzungen keinesfalls ratsame) Formen der Freigebigkeit zu praktizieren, wie etwa die Aufopferung des eigenen Leibes zugunsten derer, die dessen bedürfen.

Da uns die Weisheit fehlt, sehr klare Unterscheidungen zu treffen, werden wir von der übermächtigen Veranlagung beherrscht, die Dinge schlichtweg so zu akzeptieren, wie sie uns an der Oberfläche erscheinen. Dies ist ein tief wirkender Fehler, der die Entstehung eines unvorstellbar großen Ausmaßes an überflüssigem Elend bedingt. Einem hungrigen Pizzafreund mag eine Pizza als etwas Strahlendes erscheinen, aus dessen Innerem ein natürliches Gutsein aufscheint. Obschon er diesen Gedanken nicht bewusst fasst, nimmt der Pizzafreund diese Erscheinung für bare Münze und reagiert auf die Pizza, als wäre sie eine natürliche Quelle der Glückseligkeit in und aus sich selbst heraus. Und doch mag er eine kleine Weile später mit einem verbrannten Mund und etwas Müll dastehen.

Ein weiteres Beispiel: Angenommen, ein Mann drängt sich vor mir in eine lange Warteschlange in der Bank. Dies mag mich zu der Annahme verleiten, diese Person sei schlecht und verdiene eine strenge Zurechtweisung oder Schlimmeres. Der Mann könnte mir sehr wohl als eine von seiner Natur her schlechte Person, sein Handeln als Ausdruck dieser schlechten Natur erscheinen.

Selbst wenn ich mein Reden und Handeln unter Kontrolle halten kann, befindet sich mein Geist in einem Aufruhr selbstgerechten Zorns. Ich könnte das Gefühl bekommen, diese Person verdiene es, geschlagen zu werden, auch wenn ich selbst zu tugendhaft bin, um das Schlagen in die Tat umzusetzen. Zu diesem Zeitpunkt erscheint mir diese Person als intrinsisch schlecht, natürlich und objektiv wert geschlagen zu werden. Meine heftigen Emotionen und das Gefühl im Recht zu sein gründen in der ungeprüften Annahme, dass dieser Mann mir absichtlich schaden wollte und über keinerlei legitimen Grund verfügte, sich vor mich zu drängen.

Was aber, wenn ich mich irre? Vielleicht sollte ich mich erkundigen und eine höfliche Frage stellen, anstatt vor Wut zu kochen. Und selbst wenn der Vordrängler sich in der Tat absichtlich vor mich gestellt hat, so mag dies ein verwirrtes Verhalten sein, dessen Ursachen in temporärer geistiger Umnachtung liegen. Gelingt es mir, den Unterschied zu sehen zwischen rücksichtslosem Verhalten und einer Person, die mein Feind ist, da sie grundsätzlich, essenziell und permanent als jemand existiert, dessen Absicht darin besteht, mich zu verletzen? Die Weisheit lehrt uns, dass unsere echten Feinde niemals andere Lebewesen sind. Es sind Verblendung und deren Günstlinge, einschließlich Habgier, Hass, Zorn, Stolz und Neid.

Oft erscheinen die Dinge unserem Geist, als wären sie unabhängig und unwandelbar – doch eigentlich hängen sie von unzähligen Umständen ab und verändern sich ständig, von Moment zu Moment. Und mit der Veränderung der Umstände einher geht ihr Verwesen, ihr Zerbrechen und ihre gänzliche Auflösung. Ohne innezuhalten um zu untersuchen, neigen wir alle dazu, die Dinge so hinzunehmen, wie sie oberflächlich erscheinen. Diese falschen Erscheinungen werden von unserem Stolz, unserer Wut und unserem Begehren angefacht, und zugleich entstehen sie in einer Weise, die diese Leidenschaften noch auflodern lässt. So ziehen wir in den Krieg in der absoluten, unumstößlichen Gewissheit, dass unser gewaltsames Handeln moralisch, gerecht, edel, ja vielleicht sogar heilig ist, und wir glauben, unsere menschlichen Feinde seien von Natur aus böse und unsere Freunde von Natur aus gut – ganz so, wie sie in unserem Geist erscheinen.

Und noch auf andere Weise bringt uns das Fehlen von Weisheit in Schwierigkeiten. Indem wir es versäumen, sorgfältig zu analysieren, pflegen wir etliche Dinge, die sich tatsächlich bloß oberflächlich widersprechen oder nur in unregelmäßigen Abständen gemeinsam auftreten, zu behandeln, als wären sie vollkommen kontradiktorisch und schlössen sich gegenseitig aus. Tsong-kha-pa lehrt uns, dass sorgfältiges Unterscheiden einen der wichtigsten Aspekte der Weisheit darstellt. Dieses Thema durchzieht die ganze *Große Abhandlung*. Beispielsweise könnten wir meinen, intensive Zuneigung und Nichtanhaften seien direkte Gegensätze; geleitet von Weisheit können Bodhisattvas jedoch ohne eine Spur von Anhaften sehr starke Liebe zu allen lebenden Wesen empfinden. Oder wir könnten das Gefühl bekommen, Entmutigung sei unvermeidlich, wollten wir uns der Wahrnehmung der unerträglichen Qual öffnen, in der so viele Wesen leben; für Bodhisattvas aber ist dies unter dem Geleit der Weisheit nicht der Fall. Um es noch einmal klar zum Ausdruck zu bringen: Ohne jeglichen Wankelmut und frei von geistiger Instabilität können Bodhisattvas eine Empfindung grenzenloser Freude und Glückseligkeit erleben – und es ist Weisheit, die diesen Balanceakt ermöglicht.

Auch finden sich in den buddhistischen Schriften etliche Passagen, die widersprüchlich erscheinen. Beispielsweise gibt es Unterschiede zwischen den Gelübden, die in den Mahayana-Sutras gelehrt werden, und denen, die sich in buddhistischen tantrischen Texten finden. Ohne das Licht der Weisheit, das uns zu der Bedeutung solcher Passagen führt, wie sie wirklich beabsichtigt war, geraten wir leicht in ein Dickicht endloser Verwirrungen hinsichtlich des weiteren Vorgehens.

Besonders wichtig ist die Vereinbarkeit von letztendlicher Wirklichkeit und konventioneller Existenz; sie kann nur von klarer Weisheit erkannt werden. Viele Buddhisten und Nichtbuddhisten sind zu dem Schluss gelangt, dass tiefe Leerheit – das Fehlen selbst der geringsten Spur intrinsischer Natur in allen Dingen – mit konventioneller Existenz, wo spezifische Folgen in Abhängigkeit von ihren entsprechenden Ursachen und Umständen eintreten, unvereinbar ist. Hat man sich diese falsche Auffassung einmal zu eigen gemacht, verbleibt einem eine begrenzte Anzahl an Auswahlmöglichkeiten: Man kann an die Leerheit glauben und dabei die konventionelle Existenz von Menschen, von Unterschieden zwischen Richtig und Falsch etc. als Fiktionen behandeln, denen man höflich entgegenkommt. Oder man kann an die Wirklichkeit der Dinge gerade so wie sie erscheinen glauben und die tiefe Weisheit des Buddhismus aufgeben. Oder aber man verabschiedet jegliche Vernunft und besteht darauf, dass Leerheit und konventionelle Beziehungen zwischen Ursache und Wirkung beide Gültigkeit besitzen, obgleich sie sich vollkommen widersprechen. Scharfe, geduldige und unterscheidende Weisheit wird erkennen, dass alle diese Optionen von Übel und unnötig sind. In der *Großen Abhandlung* begibt sich Tsong-kha-pa auf den Weg, dies zu beweisen und die Alternative zu entwerfen.

Wie man Weisheit erlangt

Alle guten Qualitäten entstehen aus der Weisheit, und so sollten wir alles in unserer Macht Stehende unternehmen, um diese Qualität auszubilden und zu stärken. Das Gegenteil der Klarheit der Weisheit ist Verwirrung, die ihre eigenen Ursachen hat – z. B. schlechte Gesellschaft, Faulheit, mangelnder Drang, den Dingen auf den Grund zu gehen, Unwilligkeit zu analysieren, der Gedanke, man wisse bereits über die Dinge Bescheid und brauche nicht zu studieren oder zu analysieren, und der Einfluss, der von falschen philosophischen Sichtweisen und von Gedanken wie »einer wie ich könnte das niemals verstehen« ausgeht.

Ein unverzichtbarer Schlüssel zur Ausbildung von Weisheit

liegt darin, den Dharma so gründlich wie es uns eben möglich ist zu studieren. Im umfassenden Studium buddhistischer Schriften und ihrer Kommentare besteht nach Tsong-kha-pa »die heilige Lebenskraft des Pfades«. In der Reflexion über das im Studium Gelernte werden die Lehren verinnerlicht, nimmt man sich den Dharma zu Herzen. Und eben genau diese Lehren – keine andere, von einem spirituellen Lehrer ins Ohr geflüsterte Unterweisung – nimmt man in der Meditation auf. Während also einige Buddhisten eine Unterscheidung treffen zwischen großen Gelehrten (diskursiv) und großen Meditierenden (nicht diskursiv) und das umfassende Studium ersteren überlassen, zeigt Tsong-kha-pa auf, dass genau diejenigen, die sich anschicken ernsthaft zu meditieren, des gründlichen Studiums am meisten bedürfen, um zu vermeiden, dass sie in ihrer Meditationspraxis auf Abwege geraten. Der Glaube, ernsthafte Praxis könne Studium und unterscheidende Analyse beiseitelassen, ist spirituelles Gift. Wie können wir Lehren praktizieren oder über sie meditieren, die wir nie versucht haben zu verstehen?

Der beste Weg, den Dharma zu bewahren, besteht darin, ihn korrekt zu praktizieren; um korrekt zu praktizieren, bedarf es des Studiums der Schriften, durch welches wir verstehen, was der Buddha lehrte. Hören Sie die Unterweisungen und nehmen Sie sie als persönlichen Rat für die Praxis. Schickt man sich an, buddhistische Texte zu studieren, können ihr Umfang, ihre Komplexität und die inhaltlichen Differenzen bisweilen beängstigend wirken, doch sollten wir mit der analytischen Fähigkeit, über die wir verfügen, unser Bestes geben. Vergegenwärtigen Sie sich, dass Studium und Praxis nicht zweierlei sind. Ihre Meditationspraxis muss exakt mit dem übereinstimmen, was Sie zuerst studiert und gründlich durchdacht haben. Wenn Sie etwas verstanden und es sich zu Herzen genommen haben, kann es Ihnen als Konzentrationsobjekt für tiefe Meditation dienen.

Die Quelle aller Tugend

Buddhistische Texte lehren, dass alles Gute in und jenseits dieser Welt aus Geistesruhe (*zhi gnas*) und Einsicht (*lhag mthong*) herrührt. Wie wir sehen werden, sind Geistesruhe und Einsicht besondere meditative Qualitäten, die ein spirituell Übender erst nach langem Bemühen entwickelt; sie stellen gut entwickelte Formen der Fünften und Sechsten Vollkommenheiten dar – meditative Stabilisierung und Weisheit. Dies wirft die Frage auf, wie alles Tugendhafte aus etwas erwachsen kann, das die meisten Buddhisten erst noch erlangen müssen. Tsong-kha-pa erklärt, diese Abschnitte solle man nicht in solch engem Sinne interpretieren. In diesem Falle umfasse »Geistesruhe« im weitesten Sinne alle Geisteszustände, die einspitzig auf ein tugendhaftes Objekt gerichtet seien und »Einsicht« verweise, in ebenso weitgefasster Bedeutung, auf eine unterscheidende Aufmerksamkeit, die Tatsachen erkennt. Somit kann, der Bedeutung dieser Lehren zufolge, *alle Tugend allenthalben auf die geistige Praxis zurückgeführt werden, mit unabgelenktem Geist über Tatsachen zu reflektieren,* ganz gleich ob es sich um uns selbst, um die Buddhas oder um irgendjemand dazwischen handelt.

Buddhistische Lehren beinhalten eine wahrhaftig riesige Zahl unterschiedlicher Meditationstechniken. Sie alle lassen sich jedoch den Kategorien Geistesruhe und Einsicht zuordnen: (1) Meditationen, die unser Fokussierungsvermögen und die Fähigkeit, den Geist in einem unabgelenkten Zustand zu stabilisieren, in Dienst nehmen und stärken – sie vollenden sich in vollkommener Sammlung –, und (2) Meditationen, die unser Vermögen, die Eigenschaften von Objekten zu erkennen und zu analysieren, benutzen und entwickeln – sie vollenden sich in meditativer Weisheit oder Einsicht. Der volle Nutzen buddhistischer Meditation stellt sich nur im Zuge ausgewogener Praxis ein, in der beide Fähigkeiten vollkommen ausgebildet werden; weder analytische Meditation noch stabilisierende Meditation ist für sich allein hinreichend.

Der Grund dafür ist, dass unsere Probleme, unsere Geistesplagen sowohl in aktiven wie auch in latenten Formen existieren. Wir leiden regelmäßig schmerzliche Ausbrüche von Gier, Hass, Eifersucht, Furcht, Zorn, Stolz und Verblendung. Doch selbst wenn Plagen sich nicht so heftig manifestieren oder ganz und gar abwesend zu sein scheinen, so bleibt in uns doch die tiefe Veranlagung, ihnen stattzugeben. Sie bleiben latent vorhanden; sie sind wie Wurzeln tief in unserem Geisteskontinuum verborgen. Meditative Geistesruhe verhindert das Aufkeimen der verstörenden und schmerzlichen manifesten Formen dieser Übel, das Unkraut an der Oberfläche des Geistes. Dies schafft ein freies Feld, auf dem meditative Weisheit zu tiefer Einsicht heranreifen kann, indem sie feine und immer feinere Schichten der Verblendung durchstößt, bis endlich auch die subtilsten latenten Formen der den Geist trübenden Leidenschaften mit der Wurzel getilgt sind.

Kernaussagen Kapitel 1

Unser Glück hängt davon ab, ob wir unsere tiefe Verbundenheit mit anderen Wesen erkennen. Wir leiden unnötig, weil wir uns selbst fortwährend so wahrnehmen, als würden wir unabhängig, aus unserem eigenen privaten Wesenskern heraus existieren.

Leerheit ist die völlige Nichtexistenz jeglicher intrinsischen oder wirklichen Essenz. Leerheit bedeutet weder Nichts noch Sinnlosigkeit. Sie bedeutet, dass die Dinge ausschließlich in Abhängigkeit voneinander existieren, bar jedweder unabhängigen Natur.

Die Erkenntnis der Leerheit befreit uns. Unsere gegenwärtigen Beschränkungen und Fehler sind nicht fest in unserem Wesen verankert; unser Geist steht sogar radikaler Transformation offen.

Der Pfad zum vollkommenen Glück eines Buddha verlangt (1) Weisheit, die Erkenntnis, dass es keine essenzielle Existenz gibt, und (2) Mitgefühl, das Bestreben, alle Wesen vom Leid zu erlösen. Diese beiden Faktoren – die Sorge um das Wohlergehen der Wesen und die Einsicht, dass alles leer ist, – arbeiten zusammen und bewirken kraft der Vereinigung ihrer Energien die Erleuchtung.

Weisheit beinhaltet nicht allein die Schau der letztendlichen Wirklichkeit, der Leerheit. Auf der konventionellen Ebene mit Bedacht Entscheidungen darüber zu treffen, wie zu praktizieren ist und wie anderen am besten geholfen werden kann, ist ebenfalls Weisheit.

Um aus der Erkenntnis der Leerheit heraus tiefe Weisheit zu entwickeln, bedarf es, unter Anleitung eines qualifizierten Lehrers, zunächst des gründlichen Studiums der Schriften sowie des sorgsamen Nachdenkens über deren Bedeutung. Das Studium selbst ist eine Form der Praxis. Meditation ist die Vertiefung der Vertrautheit mit etwas, das man zuvor studiert und verstanden hat.

Glück entspringt der Tugend. Alle Tugend ist Ergebnis von eingehendem Nachdenken über tatsächliche Sachverhalte. Somit umfasst der Pfad zur Buddhaschaft sowohl die Stabilisierung des Geistes in einem Zustand der völlig frei von jeder Ablenkung ist, als auch die Schulung in Analyse, die zu meditativer Einsicht führt.

Kapitel 2

Dem Pfad der Weisheit folgen[3]

Eine Übersicht

Um über Leerheit meditieren zu können, müssen wir zuerst unsere eigenen Grund-Missverständnisse identifizieren. In sorgsamer Praxis unter Anleitung eines Lehrers können Meditierende lernen, in ihrer eigenen Erfahrung jenes besondere Selbst-Gefühl aufzuspüren, das die tiefste Wurzel samsarischen Elends darstellt. Sobald die Meditierende auf dem Weg der Introspektion diese Selbst-Vorstellung ganz präzise lokalisiert hat, so bringt sie in der Meditation logische Analyse zum Einsatz, um herauszufinden, ob ein derartiges Selbst so, wie es erscheint, tatsächlich existieren könnte. Unter Einsatz ihrer Vernunft erbringt die Meditierende den Nachweis, dass es weder existiert, noch jemals existieren könnte, und so erkennt sie die Leerheit.

Dieses Wissen um die Leerheit, um die letztendliche Realität aller Dinge, ist eine tiefe Gewissheit, die durch introspektive Meditation und schlussfolgerndes Argumentieren erlangt wird. Und in dem unumstößlichen Wissen, dass die Dinge nicht in der Weise existieren, wie sie unserem Geist zu erscheinen pflegen, liegt transformative Kraft. Doch ist dies noch immer ein begriffliches und somit ein dualistisches Verständnis. Nirvana, die tatsächliche Erfahrung befreiender Einsicht, ereignet sich in direkter und nicht dualistischer Wahrnehmung der Leerheit. Um ein kraftvolles, aber begriffliches Verständnis der Leerheit zu einer direkten, nicht dualistischen Erfahrung zu verfeinern, bringen Bodhisattvas die Kraft konzentrativer Meditation zum Einsatz – meditative Stabilisierung.

Konzentration ist ein Zustand, in dem der Geist einspitzig und ohne jegliche Ablenkung auf seinem Objekt ruht. Im Zustand der Konzentration auf ein Objekt schwindet das dualistische Gefühl von Subjekt und Objekt. Das subtile, alles-durchdringende Gefühl »ich bin hier und mein Gegenstand ist dort« wird durch die Kraft der Konzentration mehr und mehr geschwächt. Wir werden, wie es heißt, vollkommen von unserem Konzentrationsobjekt *aufgesogen* und verlieren jegliches Gefühl von Zeit und uns selbst. Indem sie ihre Analyse der Leerheit mit der Kraft der Konzentration stärken, entwickeln Bodhisattvas stufenweise tiefe Einsicht in die Leerheit. Durch die Praxis der Einsicht wird ihre Erfahrung der Leerheit weniger begrifflich und weniger dualistisch. Schließlich sind sie in der Lage, die Leerheit direkt, ohne begriffliche Vermittlung zu erkennen. Das ist Nirvana, das tatsächliche Gegenmittel oder der »Wirkstoff« in der Medizin des Dharma. Eine einzige direkte, nicht dualistische Erkenntnis der Leerheit entwurzelt dauerhaft einen Teil des Begehrens, des Hasses und der Verblendung, die uns unendliche Zeitzyklen lang und bis zum gegenwärtigen Moment in elenden Zuständen gefesselt hielten. Noch immer bedarf es wiederholter Einsichten über etliche Lebensspannen, bis alle uralten Wurzeln der Unwissenheit getilgt werden können. Während dieser Ausbildung wechseln Bodhisattvas zwischen Übungsphasen der Meditation über die Leerheit und Übungsphasen des mitfühlenden Handelns in der Welt. Und auch nachdem die Bodhisattvas dem Daseinskreislauf endgültig entronnen sind, bedarf es noch immer einer langen Zeit der Übung, um den »Kater« der dualistischen Erscheinungen zu überwinden, die Nachwirkungen des Verblendungszustands, der sie so lange beherrscht hatte. Schließlich sind die letzten Beschränkungen aus dem Weg geräumt und Bodhisattvas werden zu Buddhas. Ein Buddha erfährt die direkte Erkenntnis der Leerheit kontinuierlich, während er zugleich mitfühlend in der Welt der Personen und Dinge wirkt.

Weisheit als einzigartige Kraft des buddhistischen Pfades

Oft wird der buddhistische Pfad in drei Schulungen unterteilt: Schulung in ethischem Handeln, Schulung in meditativer Stabilisierung und Schulung in Weisheit. Die Schulung in ethischem Handeln beinhaltet Praktiken wie die Abkehr von gewaltsamen Handlungen, Abkehr von verletzender Rede und sogar Abkehr von der Absicht, anderen zu schaden. Die Schulung in ethischem Handeln erstreckt sich auch auf Praktiken, die Güte und Liebe zusammen mit kraftvoller altruistischer Motivation entstehen lassen.

Die Übung in meditativer Stabilisierung beinhaltet systematisches Beruhigen und Fokussieren des eigenen Geistes, bis er vollkommen klar in gesammelter Aufmerksamkeit auf jedem Objekt ruht, dem er sich zuwendet. Meditative Stabilisierung geht einher mit machtvollen und glückseligen Bewusstseinsarten, und es heißt, dass einige von ihnen den Meditierenden befähigen, Taten außerhalb des Bereichs des gewöhnlich Möglichen zu vollbringen.

Zwar sind diese ersten beiden Übungsformen von großer Bedeutung für den Weg, doch trifft es gleichwohl zu, dass etliche nicht buddhistische Traditionen wichtige Praktiken und Ideale wie diese mit dem Buddhismus teilen. Denn eine Vielzahl von Religionen empfiehlt ja ihren Anhängern, gastfrei, freundlich, rücksichtsvoll und mitfühlend, ja sogar liebevoll zu sein. Einige Religionen teilen mit dem Buddhismus die Lehre, dass wir selbst für jene, die uns schaden, Liebe empfinden und uns um ihr Glück bemühen sollten.

Und ebenso beinhalten etliche nicht buddhistische Traditionen Praktiken zur Beruhigung und Sammlung des Geistes. In Siddharthas traditioneller Lebensgeschichte wird berichtet, dass er Techniken zur meditativen Stabilisierung, wie sie von nicht buddhistischen Lehrern (Udraka Ramaputra und Arada Kalama) vermittelt wurden, gemeistert hatte, lange bevor er den Mittleren Weg fand und Erleuchtung erlangte. Tritt man in einen tief konzentrierten Zustand meditativer Stabilisierung ein, ist man für die Dauer des Verweilens frei von gewöhnlichen, weltlichen Sorgen. Nicht anders als ein Urlaub am Strand, muss die Meditation aber zu guter Letzt enden, und man steht, in die Welt zurückgekehrt, denselben Problemen gegenüber. Man ist nicht zwangsläufig weiser geworden oder geschickter darin, mit Schwierigkeiten umzugehen oder anderen zu helfen.

Insofern die leidende Welt keine unabhängige, objektive Realität aufweist und lediglich eine leere Konvention ist, mag man zu dem Schluss gelangen, man gelänge am ehesten durch Ausschaltung des konventionellen Denkens in einem meditativen Zustand zur Befreiung. Der chinesische buddhistische Meister Ha-shang Mahayana hielt jedes Konzeptualisieren, ganz gleich welcher Art, für eine verzerrende Verdinglichung, berichtet Tsong-kha-pa. Innerhalb der *Großen Abhandlung* wird Ha-shang als stereotype Figur vorgeführt und fungiert als Repräsentant der Auffassung, wir sollten uns aller Gedanken entledigen und über die Wirklichkeit meditieren, indem wir nichts im Geist aufsteigen lassen.

Tsong-kha-pa argumentiert wiederholt und leidenschaftlich, dass uns meditative Gedankenlosigkeit der Freiheit niemals näher bringen wird. Verstehen, geboren aus sorgfältiger Analyse, bildet den Kern dessen, was den buddhistischen Weg von anderen unterscheidet. Dies ist die dritte Übung, die Übung in Weisheit. Andere Religionen teilen mit dem Buddhismus tiefgründige Ethik und Techniken, die Zugang zu faszinierenden nicht begrifflichen Zuständen eröffnen. Als sein distinktives Merkmal aber beansprucht der Buddhismus für sich eine sorgfältige und durchdringende Analyse der exakten Existenzweise der Welt. Nur dadurch, dass wir diese Analyse beginnen, sie durchführen und uns zu Herzen nehmen, fangen wir damit an, das Fundament für eine echte Befreiung aus unnötigem Elend zu legen.

Während es also tatsächlich ganz hervorragend ist, ein guter und freundlicher Mensch zu sein, und wichtig, geistige Sammlung zu erlernen, so ist dies doch gleichwohl nicht hinreichend, um zur Wurzel unseres Elends im Kreislauf der Wiedergeburten vorzudringen. Tugendhaftigkeit und ein ruhiger Geist lassen uns freundlich und stark werden, ob wir uns aber der Befreiung nähern, hängt davon ab, wie wir diese Stärke einsetzen. Um Freiheit zu finden, ist es unabdingbar, die Leerheit als endgültige Natur der Wirklichkeit in meditativer Einsicht zu erkennen und schließlich direkt wahrzunehmen. Um eine solche meditative Einsicht zu erlangen, müssen wir uns zunächst des Verstandes und der Analyse bedienen, um die Natur der Wirklichkeit zu verstehen und tief zu begreifen. Mit anderen Worten müssen wir, bevor wir auf die Erlangung einer tiefen und nicht dualistischen Erleuchtung hoffen dürfen, zunächst logisches Denken einsetzen, um eine unerschütterliche geistige Gewissheit hinsichtlich der Natur der Wirklichkeit zu erreichen.

Wie aber können wir diese Gewissheit entwickeln? Am Anfang steht das Studium der Schriften und das tiefe Nachsinnen über ihre Bedeutung.

Welche Texte sollten wir studieren?

Tsong-kha-pa weist uns an, zwischen vorläufigen und endgültigen Schriften zu unterscheiden. Auf der Suche nach der korrekten philosophischen Anschauung müssen wir zunächst endgültige Schriften sorgfältig studieren. Wir müssen sie gut verstehen und uns dabei auf genaue und maßgebliche Kommentare verlassen. Als Nächstes müssen wir uns die in ihnen ausgesprochene Botschaft zu Herzen nehmen. Dieses Verständnis dient sodann als Grundlage für die Meditationspraxis.

Was sind endgültige Schriften? Das *Sutra der Unterweisungen des Akshayamati* erklärt, definitive Sutras seien jene, welche die Leerheit, die endgültige Wirklichkeit, lehren. Leerheit stellt den Endpunkt der zum Tiefsten vordringenden Analyse dar, und somit können Sutras, die sie lehren, nicht so aufgefasst oder interpretiert werden, als verwiesen sie auf weitere, verborgene Bedeutungsebenen unterhalb der Oberfläche. Sutras, die Lehren über konventionelle Wahrheiten wie Lebewesen, Mitgefühl, Ethik etc. enthalten, sind ebenfalls von großer Wichtigkeit auf dem Weg zur Buddhaschaft, doch sind sie insofern vorläufig, als sie nicht auf die endgültige, letzte Natur der in ihnen dargelegten Dinge verweisen. Dies ist der Fall, weil die letzte Wirklichkeit aller Phänomene Leerheit ist.

Hieraus sollte klar hervorgehen, dass der Grad ihrer buchstäblichen Lesbarkeit nicht entscheidend dafür ist, ob eine Schrift als endgültig oder als vorläufig bezeichnet wird. Sutras, die in äußerst klarer und unmissverständlicher Weise von konventionellen Phänomenen sprechen, sind vorläufig, da ihr Thema eben nicht die letzte Wirklichkeit ist. Andererseits sind Sutras, die von der Leerheit handeln, eben auch dann endgültig, wenn gewisse Passagen – liest man sie ohne Berücksichtigung ihres Kontextes und zudem in einer zu sehr auf buchstäbliche Bedeutung fixierten Weise – nicht akzeptabel sind. So sollten etwa Sutras, die Aussagen wie »Es gibt keine Person« formulieren, unter Berücksichtigung des Kontextes dieser Aussagen faktisch in dem Sinne verstanden werden, dass Personen keinerlei endgültige Existenz aufweisen – sie sind leer von Essenz oder Existenz aus sich selbst heraus. Personen existieren, weil sie im konventionellen Sinn existieren, und zwar als gebräuchliche Bezeichnungen, die sich auf sich ständig verwandelnde Ansammlungen geistiger und physischer Komponenten beziehen. Dies mag uns zunächst so vorkommen, als würde uns nur eine minimale Bestehensweise zugebilligt, tatsächlich ist es aber die einzige Form von Existenz, über die *irgendetwas* verfügt. Es handelt sich um die einzig mögliche Bestehensweise, und sie ist – auch wenn das vielleicht im Widerspruch zu unseren Annahmen steht – ausreichend robust, so dass jedes Ding wirken und seine jeweilige Funktion erfüllen kann.

In endgültigen Sutras wie den *Sutras über die Vollkommenheit der Weisheit* lehrte der Buddha, dass alles leer ist – und meinte damit, dass alles leer ist von intrinsischer Existenz. Tsong-kha-pa erklärt, dass wir diese Lehren verstehen sollten, indem wir uns auf Nagarjunas wie auch auf die von Aryadeva, seinem spirituellen Sohn, verfassten Erläuterungen stützen.

Nagarjunas Werk markiert den Anfangspunkt der Madhyamaka-Tradition buddhistischer Philosophie. Tsong-kha-pa hält zwei Arten der Aufteilung späterer Madhyamikas in Unterschulen für zulässig. Zunächst lassen sie sich auf der Grundlage ihrer Annahme der Existenz äußerer Objekte unterscheiden, mithin von Objekten, die eine von dem sie wahrnehmenden Geist verschiedene Wesenheit darstellen. Bei Bhavaviveka handelt es sich beispielsweise um einen Madhyamika, der äußere Objekte annimmt. Er übt strenge Kritik an jenen buddhistischen Philosophen, die lehren, alles sei von einer Wesenheit mit dem Geist. Andererseits wird in Shantarakshitas Madhyamaka gelehrt, äußere Objekte gebe es nicht einmal konventionell.

Zweitens unterteilt Tsong-kha-pa die Madhyamikas in zwei Unterklassen, die nach der Art und Weise benannt werden, wie sie den Verstand einsetzen, um ein Verständnis der Leerheit herbeizuführen. Svatantrikas wie Bhavaviveka bestehen darauf, gegen falsche Ansichten ausschließlich autonome Syllogismen (*svatantra*) einzusetzen. Hierbei handelt es sich um formale Argumente, die eine These, gemäß der überlieferten Traditionen der buddhistischen Logik, korrekt beweisen. Prasangikas wie Buddhapalita und Chandrakirti ziehen es vor, falsche Sichtweisen durch Einsatz von Konsequenzen (*prasanga*), Argumenten vom Typus einer *reductio ad absurdum*, zu widerlegen. Das heißt, sie benutzen Argumente, mit deren Hilfe sie die inneren Widersprüche der von ihnen kritisierten falschen Ansicht zum Vorschein bringen, ohne notwendigerweise eine alternative richtige Position zu implizieren.

Wie wir in Kapitel acht sehen werden, argumentiert Tsong-kha-pa im Detail, dass Bhavavivekas Beharren auf selbstständigen Syllogismen kein bloßer Unterschied in der logischen Methode ist, sondern zudem auch einen grundlegenden Unterschied – ein unzureichendes Verständnis – in seiner Sicht der Leerheit bezeugt. Deshalb vertritt Tsong-kha-pa die Meinung, dass wir uns auf die ursprünglichen Madhyamikas – Nagarjuna und Aryadeva – und auf Kommentatoren der Prasangika-Linie wie Buddhapalita, Chandrakirti und Shantideva verlassen sollten, wenn wir uns anschicken, die *Sutras der Vollkommenheit der Weisheit* und andere definitive Sutras zu verstehen.

Was eliminiert der Pfad?

Wir leiden enorm und unnötig, weil wir von falschen Vorstellungen darüber, wie die Welt existiert, geplagt werden. Wir neigen dazu, uns und die uns umgebenden Dinge als fest, permanent, autonom, abgesondert und substanziell anzusehen, während die Dinge tatsächlich flüchtig, zusammengesetzt, bedingt und im Fluss sind. Der Pfad zur Freiheit besteht also darin, die Unwissenheit zu beseitigen, indem wir die verdinglichte Natur, die Essenz oder das »Selbst«, mit dem die Unwissenheit die Wirklichkeit überlagert, widerlegen.

Wir können somit von zweierlei »Objekten der Negation« sprechen. Vom Pfad negierte Objekte sind alle Unwissenheitsmomente, falsche Bewusstseinsarten, die wir im Zuge des Erlangens von Weisheit hinter uns lassen. Sie werden negiert in dem Sinne, dass sie aufgegeben werden, während wir auf dem Pfad fortschreiten. Von der Vernunft negierte Objekte sind die verdinglichten Naturen oder Essenzen, die der Realität von falschen Bewusstseinsarten übergestülpt werden, tatsächlich jedoch gar nicht existieren. Vernunft negiert sie durch Widerlegung – durch Aufzeigen ihrer gänzlichen Nichtexistenz – und durch den Beweis, dass die Vorstellung, Dinge seien mit einer essenziellen Natur versehen, in der Tat ein falsches Bewusstsein ist.

Tsong-kha-pa widmet einen beträchtlichen Teil der *Großen Abhandlung* der Klärung einer einzigen Frage: Was genau ist das von der Vernunft zu widerlegende Objekt? Wenn wir die Vernunft gebrauchen, um zu beweisen, dass es keine Essenz oder kein Selbst gibt, was genau widerlegen wir dann? (Wir werden dem zunächst im folgenden Kapitel und besonders in Kapitel 7 weiter nachgehen.) Bevor er sich jedoch hiermit intensiv auseinandersetzt, diskutiert Tsong-kha-pa zunächst das vom Pfad negierte Objekt. Auf diese Weise stellt er klar, dass die späteren Übungen in logischer Beweisführung nicht bloß akademische Wortspiele, sondern entscheidende Praktiken auf dem Weg zur Freiheit sind.

Was genau müssen wir aufgeben, um wirkliches Glück und Freiheit zu finden? Tsong-kha-pa erklärt (Band III, Seite 206), hierin Chandrakirti folgend, dass die Mittel gegen Hass, Anhaftung, Stolz etc., die der Buddha lehrt, nur gegen diese besonderen Übel wirksam sind. Das Gegenmittel für die Unwissenheit aber heilt zugleich alle anderen Geistesplagen.

Dies zeigt, dass Unwissenheit der Grund aller Fehler und Geistesplagen, die Wurzel all unserer Probleme ist. In diesem Zusammenhang bezieht sich Unwissenheit besonders auf den Geist, der fälschlicherweise eine intrinsische Natur beifügt. Unwissenheit ist ein Bewusstsein, das Menschen und Dinge falsch auffasst – nämlich als existierten sie aus ihrem eigenen essenziellen Charakter heraus. Tsong-kha-pa zitiert Chandrakirti (Band III, Seite 206):

> Es heißt, man entwickele Anhaftung an die Dinge, wenn man unter den Einfluss eines leiderzeugenden Missverstehens gerät, eines Bewusstseins, das den Dingen eine Essenz beifügt, und man bringe den Daseinskreislauf zum Stillstand, indem man diesen Prozess beendet (…). Sieht man die Dinge als vollkommen frei von intrinsischer Existenz, beseitigt man den Samen des Daseinskreislaufs, das Bewusstsein, das Anhaftung auslöst.

Tsong-kha-pa erklärt auch, diese besondere Form der Unwissenheit oder des falschen Bewusstseins an der Wurzel allen Elends werde *Auffassung der vergehenden Aggregate* genannt – ein besonderer Terminus, der einiger Erklärung bedarf. »Aggregate« bezieht sich auf die fünf körperlichen und geistigen Aggregate – Form, Empfindung, unterscheidende Wahrnehmung, Gestaltungsfaktoren und Bewusstsein. Sie sind »vergehend«, weil sie alle vergänglich sind, stets im Wandel und von Moment zu Moment zerfallend. Es gibt unter ihnen nichts Beständiges, nichts, das fortdauert. Die »Auffassung der vergehenden Aggregate« meint eine Auffassung, der zufolge es eine essenziell existente Person in Beziehung mit diesen im Fluss befindlichen Elementen meines Körpers und meines Geistes gibt. Es ist das Missverständnis, es gebe ein persönliches Selbst, das inhärent existiert, aus einer ihm selbst entspringenden Kraft heraus. Mit anderen Worten: Es ist das Missverständnis, dem zufolge ich eine von Natur her existierende Person bin, eine Person, die in sich selbst und aus sich selbst heraus existiert, kraft ihrer eigenen essenziellen Natur.

Buddhistische Texte weisen oft auf zwei Arten der Nicht-Selbsthaftigkeit hin – die Nicht-Selbsthaftigkeit von Personen und die Nicht-Selbsthaftigkeit von Phänomenen. Nicht-Selbsthaftigkeit verweist auf das Leersein – die Abwesenheit, Nichtexistenz – von einer intrinsisch existierenden Natur. Hier bezieht sich das Wort »Selbst« auf eine intrinsisch existierende Natur, eine Essenz, die wir unbewusst oder irrtümlicherweise beifügen. Wir fügen sowohl Personen als auch anderen Phänomenen ein »Selbst« bzw. eine intrinsische Natur bei. Die »Auffassung der vergehenden Aggregate« ist eine ganz spezielle Vorstellung von einem Selbst oder einer intrinsischen Natur von Personen, denn es geht hier insbesondere darum, dass man die *eigene Person* als essenziell existent auffasst. Ein Geist, der diese Auffassung der vergehenden Aggregate widerlegt, wäre somit ein Weisheitsgeist, welcher die Nicht-Selbsthaftigkeit von Personen verwirklicht.

Nicht-Selbsthaftigkeit der Phänomene

Einige Schulen des Mahayana-Buddhismus lehren, dass es sich bei der Nicht-Selbsthaftigkeit von Personen um eine grobe Form der Leerheit handele, und dass die tiefe Leerheit in der Nicht-Selbsthaftigkeit von Phänomenen bestehe. In der Prasangika-Schule des Madhyamaka hingegen werden beide Formen der Nicht-Selbsthaftigkeit als in gleichem Maße tiefgründig angesehen. Die Frage ist lediglich, welche Art von Bezugsobjekt (Person/Nichtperson) man als leer erkennt.

Tsong-kha-pa erklärt, dass aus einer Erkenntnis der tiefgründigen Leerheit in Bezug auf eine Person logisch die Fähigkeit folgt, ohne jede Schwierigkeit eben diese Leerheit in Bezug auf jedes andere Phänomen zu erkennen, einschließlich der Teile von Körper oder Geist einer Person. Er zitiert Nagarjuna: »Wenn das Selbst nicht existiert, wie könnte das, was zum Selbst gehört, existieren?« Er zitiert Chandrakirti: »Wenn ein Wagen verbrannt wird, werden seine Teile ebenfalls verbrannt und können nicht mehr beobachtet werden. In ähnlicher Weise verstehen Meditierende, die erkennen, dass ein Selbst nicht existiert, dass auch das, was zu diesem Selbst gehört, seine Bestandteile, leer von einem Selbst sind.«

Dies bedeutet nun aber nicht, dass man im selben Moment des Erkennens der Nicht-Selbsthaftigkeit von Personen auch die Nicht-Selbsthaftigkeit aller Phänomene erkennt. Tsong-kha-pa führt hier etwas absolut Nichtexistierendes als Analogie an; er weist darauf hin, dass man beim Nachdenken über die Nichtexistenz des Sohnes einer unfruchtbaren Frau nicht zugleich denke: »Seine Ohren existieren nicht.« Da man aber weiß, dass der Sohn einer unfruchtbaren Frau nicht existiert, kann man erkennen, dass auch seine Ohren nicht existieren, sobald sich einem diese Frage stellt.

In gleicher Weise, so argumentiert Tsong-kha-pa, bringt eine echte Erkenntnis der Nicht-Selbsthaftigkeit der Person das Vermögen mit sich, die Nicht-Selbsthaftigkeit anderer Phänomene, sobald sie erwogen wird, unmittelbar zu erkennen.

Meditiert man im (Mahayana- oder Hinayana-)Buddhismus allgemein darüber, was die Person ist, so findet man kein »essenzielles Selbst«, auf dem die Person basiert. Vielmehr nehmen Meditierende, die stark fokussierte Introspektion praktizieren, einen Fluss sich fortwährend verändernder Zustände geistiger Erfahrung wahr und erkennen, dass dieser Erfahrungsstrom vom physischen Körper als seiner Stütze abhängt. Die Person und die meisten anderen Dinge, denen wir in unserer gewöhnlichen Erfahrung begegnen, sind zusammengesetzt. Sie können in wesentlich kleinere Momente und Elemente zerlegt werden, die sich sämtlich wesentlich schneller verwandeln, als wir wahrzunehmen vermögen. Es hat den Anschein, als stellten die Lehren des Hinayana die Existenz materieller Grundelemente und punktueller Erfahrungsmomente, aus denen ihnen zufolge die Person (und alles Übrige) zusammengesetzt ist, nicht explizit infrage. Einige Hinayana-Lehren akzeptieren explizit, dass sich hinter den zusammengesetzten Dingen, die wir »die Person« oder »mein Körper« nennen, sehr kleine, nicht mehr weiter zerlegbare Grundelemente befinden. Nagarjuna folgend lehrt Tsong-kha-pa, dass alle Phänomene – alles Existierende, alle Teilchen, egal wie klein – leer von Essenz oder inhärenter Wirklichkeit sind. Alles was existiert muss in gegenseitiger Abhängigkeit voneinander existieren. Somit gibt es nichts, was über sein eigenes Sein verfügt, seine eigene Existenzweise besitzt. Buddhistische Schulen des Hinayana sprechen zwar von »Nicht-Selbsthaftigkeit der Person«, doch sind sie keinesfalls zur tiefen Leerheit vorgedrungen, insofern sie an der essenziellen Wirklichkeit nicht zerlegbarer Elemente oder Aggregate anhaften, die der Person zugrunde liegen. Sie sind Essenzialisten, die, zumindest aus einer Mahayana-Perspektive, die tiefgründige Leerheit, die der Buddha lehrte, nicht verstanden haben.

Kernaussagen Kapitel 2

Der Pfad zur Erleuchtung beinhaltet die logische Zurückweisung der Wahrnehmung eines essenziell wirklichen Selbst in der Meditation. Ist dies getan, befreien Bodhisattvas dieses Wissen Schicht um Schicht von seinen dualistischen und begrifflichen Hüllen, bis sie zur direkten, nicht dualistischen Erfahrung der Leerheit gelangen.

Die ersten zwei der drei Schulungen auf dem buddhistischen Pfad – Ethik, meditative Stabilisierung und Weisheit – ähneln den Lehren vieler nicht buddhistischer Lehren. Aus analytischer Meditation erwachsene Weisheit hingegen, die zur Natur der letztendlichen Wirklichkeit vordringt, ist spezifisch buddhistisch.

Will man sich hierauf vorbereiten, so gilt es, endgültige Schriften zu studieren und über sie zu reflektieren, beispielsweise die *Sutras der Vollkommenheit der Weisheit*, in denen gelehrt wird, die letztendliche Natur der Wirklichkeit sei Leerheit.

Weisheit vernichtet die Wurzel allen Leides – Unwissenheit oder Verblendung. Diese Unwissenheit ist ein Geisteszustand, der allen Dingen intrinsische Natur unterstellt, während sie dieser tatsächlich ganz und gar entbehren. Diese »intrinsische Natur« oder »essenzielle Natur« wird bisweilen auch als »Selbst« bezeichnet.

Das vollkommene Fehlen intrinsischer Natur in Personen heißt »Nicht-Selbsthaftigkeit von Personen«; das vollkommene Fehlen intrinsischer Natur in anderen Phänomenen heißt »Nicht-Selbsthaftigkeit der Phänomene«. Keine der beiden ist tiefer als die andere; sie sind von gleicher Qualität – Leerheit, unter dem Aspekt ihrer Beziehung zu jeweils anderen Dingen.

Kapitel 3

Unsere Entscheidungen sind wichtig[4]

Was erwarten wir?

Wenn wir versuchen, Ha-shangs Methode zu folgen, und unseren Geist einfach von Gedanken abziehen, die zur Vergegenständlichung tendieren, erkennen wir, dass wir vom Weg abkommen. Unsere Neigung zur Vergegenständlichung ist zu stark und zu tief verwurzelt, um ihr ohne direkten Angriff beikommen zu können. Um ihr Einhalt zu gebieten, müssen wir sie zunächst identifizieren, sie ans Licht bringen, und sie schließlich mittels des Verstandes einer vernichtenden Prüfung unterziehen.

Ich möchte das durch eine Analogie veranschaulichen: Eines Tages betrat ich das Klassenzimmer und setzte mich im vorderen Bereich des Raumes auf einen Tisch, um mit dem Unterrichten zu beginnen. Plötzlich brach er, zum großen Amüsement meiner Studenten, zusammen und wurde zu einem Haufen Müll. Ich war erstaunt – ich hatte jede Woche einige Stunden lang auf diesem Tisch gesessen und nie war es zu irgendwelchen Problemen gekommen. Natürlich war ich mir nie des Gedankens oder Glaubens bewusst, dass sich dort »ein unveränderlicher Tisch, etwas, worauf ich mich immer verlassen kann« befände. Andererseits sah er in der Tat wirklich sehr stabil aus. Ich hatte nicht bemerkt, dass er sich in irgendeiner Weise veränderte – Tag für Tag schien er ziemlich derselbe Tisch zu sein. Unbewusst vertraute ich diesem Anschein tief. Auf einer bestimmten Ebene war ich in einer Weise, die ich nie einer Prüfung unterzog, davon ausgegangen, der Tisch würde weiterhin so fortbestehen, wie er war.

Selbstverständlich trifft dies auch auf Menschen zu. Wenn wir eine Freundin oft treffen, bemerken wir nicht, wie sie sich verändert. Wir nehmen dies ohne Analyse hin und gehen implizit davon aus, dass sie bleibt, wie sie ist. Wir sehen sie jeden Tag, und immer ist sie lebendig und atmet. Diesbezüglich tief konditioniert, finden wir es schockierend und in gewisser Weise falsch, wenn sie plötzlich stirbt. Es ist ungemein schwierig, ihren Tod zu akzeptieren, weil er mit unserem Gefühl, wie die Dinge sind, kollidiert. Dies passiert, weil wir weiterhin ein lebhaftes inneres Bild von ihr festhalten – und es ist das Bild einer Person, die noch lebt.

Wie Tsong-kha-pa uns in der *Großen Abhandlung* (Band I, Seiten 145-150) in Erinnerung ruft, gilt das auch für die Art, wie wir uns selbst wahrnehmen. Mit Worten geben wir zu, dass wir sterben werden, doch nur wenige von uns leben eingedenk ihrer eigenen Sterblichkeit. Bis wir ein lebensbedrohliches Trauma erfahren, ist der Tod eine abstrakte Idee, keine existenzielle Wirklichkeit. In unserer unreflektierten Alltagserfahrung schieben wir die Wirklichkeit des Todes weit von uns und so bleibt sie uns verborgen.

Im Buddhismus hängt das Glück davon ab, ob die Wirklichkeit gesehen wird. Nur wenn wir der Wahrheit gegenübertreten und die Dinge erkennen, wie sie sind, werden wir frei. Anhaften an falschen Erwartungen beschert uns großes und unnötiges Elend. Um der Wirklichkeit der Vergänglichkeit und Sterblichkeit gewahr zu werden und um unser Leben im Licht dieser Wirklichkeit zu leben, müssen wir zunächst einmal erkennen, dass es ein Problem gibt. Während wir die Vergänglichkeit auf der intellektuellen Ebene bestätigen, handeln wir faktisch doch als wären wir, und mit uns unsere Freunde und Besitztümer, unveränderlich.

Aus diesem Grunde müssen wir unsere falschen Erwartungen an die Oberfläche bringen. Wir müssen einsehen, dass eine unbewusste Erwartungshaltung, die Dinge würden so wie sie gegenwärtig erscheinen auch weiterhin fortbestehen, in der Tat einen mächtigen Einfluss auf unser Verhalten ausübt. Mit vernichtender Klarheit können wir sodann in der Meditation den Nachweis erbringen, dass diese Erwartung falsch ist, weil sie mit der Art, wie die Dinge tatsächlich stehen, nicht übereinstimmt. Wir üben unseren Geist darin, den Wahrheiten der Vergänglichkeit und Sterblichkeit gegenüber offen zu sein.

Ein Ziel ins Auge fassen

Diese Analogie veranschaulicht die Vergänglichkeit, doch verhält es sich ebenso, wenn wir uns anschicken, die Leerheit zu erkennen. Wir sind der intrinsischen Natur verfallen, also der Idee, dass wir aus einer in uns wirksamen, Sein spendenden Kraft heraus existieren. Da diese Gewohnheit uns und allen Mitwesen großes und unnötiges Elend bereitet, müssen wir damit beginnen, der Tatsache ins Auge zu sehen, dass wir ein Problem haben. Wir müssen die falsche Auffassung identifizieren, die zum Objekt unserer Analyse wird.

Indem wir an der Illusion einer bestimmten Art von Selbst festhalten, leiden wir immer wieder. Wir glauben an diese Art von Selbst und gehen in die Falle; sehen wir dagegen, dass es nicht existiert, werden wir frei. Auf der Suche nach spiritueller Befreiung müssen wir eben diese Wahrnehmung eines »wirklichen Selbst«, die die Wurzel unseres Leidens darstellt, aufs Genaueste lokalisieren. Tsong-kha-pa äußert sich hierzu klar und deutlich:

> Um ganz sicher sein zu können, dass eine gewisse Person nicht anwesend ist, musst du die abwesende Person kennen. Ebenso musst du – wenn du genau verstehen willst, was mit »Nicht-Selbsthaftigkeit« oder »Abwesenheit inhärenter Existenz« gemeint ist – das Selbst oder die intrinsische Natur, die nicht existiert, sorgfältig identifizieren.

Mit anderen Worten besteht ein entscheidender erster Schritt bei der Widerlegung von »Selbst« und »Essenz« in der akkuraten Identifizierung des Objekts, auf das sich unsere Argumente beziehen. Der Verstand ist ein machtvolles Werkzeug; irren wir uns bei der Identifizierung des Objekts auch nur geringfügig, widerlegen wir wahrscheinlich zu viel oder zu wenig.

Wir können uns die Lehre des Buddha, den Mittleren Weg, als einen Pfad vorstellen, der einen schmalen Grat entlangführt, von dem herab wir leicht in die Extreme des Nihilismus oder des Eternalismus stürzen können. Grenzen wir das zu widerlegende Objekt nicht sorgsam ein, missbrauchen wir den Verstand, widerlegen zu viel und verfallen dem Nihilismus. Ethische Verpflichtungen, anderen Lebewesen zu helfen, brechen zusammen, wenn Logik in einer solchen Weise falsch zur Anwendung kommt, dass es scheint, als widerlege sie die schiere Existenz dieser Wesen oder mache jegliche Unterscheidung zwischen Tugend und Untugend obsolet. Wir können zu der Überzeugung gelangen, dass nichts existiert oder dass es gleichgültig ist, wie wir handeln.

Widerlegen wir jedoch nicht genug, werden die tiefsten und subtilsten Formen der Unwissenheit von unserer Praxis nicht berührt. Trotz all der Güte und mentalen Fokussierung, die wir aufbringen können, leben wir dann weiterhin im Kreislauf des Elends. Eine präzise Identifikation der tiefsten Wurzel des Daseinskreislaufs erlaubt uns, den Mittleren Weg zu finden, eine Sicht, die frei ist von der angeborenen Neigung zu verdinglichen, ohne sich der Seite des Nihilismus zuzuwenden.

Tsong-kha-pa ermutigt uns, indem er unterstreicht, dass die Widerlegung dieses Selbst auf natürliche Weise die Widerlegung aller falschen Ideen über das Selbst zur Folge hat, vorausgesetzt, wir leisten die korrekte Identifizierung des »Selbst«, wie es durch die tiefste Form der Unwissenheit wahrgenommen wird. Wie im Falle des Unkrauts, wird die ganze Pflanze durch Zerstörung der Wurzel vernichtet, verfehlt man jedoch die Wurzel, entsteht das ganze Gewächs von Neuem. Erkennen wir beispielsweise, dass die Person nicht über die geringste Spur inhärenter Natur verfügt, werden wir nicht der falschen Annahme anheimfallen, die Person sei unsterblich, da ihr eine beständige Essenz innewohne. Alle falschen Annahmen hinsichtlich des Selbst gründen in dieser tiefsten Fehlannahme. Somit ist es dieses Wurzelmissverständnis, diese Wahrnehmung eines subtil verdinglichten Selbst, das wir identifizieren und dem wir zu Leibe gehen müssen.

Zu viel widerlegen

Tsong-kha-pa war äußerst besorgt, weil die meisten der zu seiner Zeit vorherrschenden tibetischen Interpretationen von Nagarjunas Madhyamaka-Philosophie das Objekt der Negation falsch identifizierten. Seiner Ansicht nach untergraben diese weitverbreiteten falschen Auslegungen des Madhyamaka ethische Verpflichtungen, da sie diese – wie alle anderen Übereinkünfte – in dem Sinne als provisorisch auffassen, als ihre Validität und Legitimität in der tiefen Wahrheit der Leerheit aufgehoben wird. Tsong-kha-pa dagegen besteht darauf, dass die tiefe Leerheit als etwas zu verstehen ist, das die Prinzipien moralischen Handelns nicht auslöscht, sondern vervollständigt und ergänzt. Ziel – und historisch verbriefte tatsächliche Wirkung – seiner Schriften ist es, zu kraftvollem Bemühen in heilsamem Handeln anzuregen.

Rationale Analyse sei ein unverzichtbares Werkzeug im spirituellen Leben, insistiert Tsong-kha-pa. Um die Kompatibilität von Leerheit und Ethik deutlich zu machen, zeigte Tsong-kha-pa auf, dass die zwei Wahrheiten, die endgültige und die konventionelle, sich nicht gegenseitig widersprechen, unterminieren und aufheben. Zwar ist Leersein von Essenz die endgültige Wahrheit, die unter strenger Analyse der Existenzweise der Dinge vorgefunden wird, doch ist sie vollkommen kompatibel mit gültiger konventioneller Existenz.

Wir wollen einen Blick auf Tsong-kha-pas Aussagen zur endgültigen Analyse in der *Großen Abhandlung* werfen, um diese Sicht näher zu erkunden. Alle Madhyamaka-Philosophen sind sich dahin gehend einig, dass nichts letztendlich existiert. Dies bedeutet: Bedienen wir uns des Verstandes, um zu analysieren, in welcher Weise eine Person (oder ein Tisch oder ein Auto) existiert – was also genau ihr ontologischer Status ist –, so gelangen wir zu keinem definitiven Fundament, keiner Basis, auf der sie errichtet ist. Die fassbare Wirklichkeit des Autos etwa scheint sich unter den Bedingungen analytischer Untersuchung zu verflüchtigen. Der Geist, der erfahren möchte, »was das Auto wirklich ist«, dringt nicht zur letzten Autoessenz, zum »Autohaften an sich«, zur »Autozität« vor – ja nicht einmal zu irgendeiner Art von Auto. Gelänge dies, so müssten wir sagen, ein Auto würde der endgültigen Analyse standhalten und letztendlich existieren. Stattdessen gelangt der Geist, der das Auto analysiert, letzten Endes zur Leerheit des Autos, also zum Mangel des Autos an essenzieller Natur. Alle Madhyamaka-Philosophen stimmen darin überein, dass nichts der endgültigen Analyse standzuhalten vermag. Damit meinen sie, dass es nirgendwo irgendetwas gibt, das letztendlich existiert – den Buddha und die Lehren des Buddha selbstverständlich inbegriffen. Sogar die Leerheit selbst ist leer; das heißt, sucht man nach der endgültigen Essenz der Leerheit, so ist auch diese unauffindbar. Was man allein auffindet, ist die Leerheit der Leerheit.

Da sich mithilfe letztendlicher Analyse der Existenzweise eines jedweden Objekts keine Spur eines Objekts auffinden lässt, ziehen einige tibetische Interpreten dieses Befundes den Schluss, der Verstand widerlege die Existenz aller Dinge. Ihrer Argumentation zufolge impliziert die Tatsache, dass ein endgültiger Geist, ein auf die endgültige Wirklichkeit eingestimmter Geist, der ein Auto betrachtet, nicht die Spur eines Autos auffindet, dass das Auto nicht existiert. Autos mögen unseren Sinnen und unseren gewöhnlichen Bewusstseinsarten erscheinen, als existierten sie. In unserer Sprache können wir von Autos sprechen. Dies aber sind dieser Interpretation zufolge Symptome der Verblendung, Symptome der Unwissenheit, oder – bestenfalls – Fiktionen, die den alltäglichen Umgang miteinander erleichtern. Ein endgültiger Geist, der ein Auto betrachtet, kann es überhaupt nicht auffinden. Dies scheint seine Nichtexistenz zu beweisen.

Wenn Tsong-kha-pa erwidert, Autos und Tische und Menschen seien sehr wohl existent, geben jene anderen zurück: »Sehen Sie, entweder sind Autos unter Madhyamaka-Analyse aufzufinden, oder sie sind es nicht. Wenn Sie sagen, dass sie auffindbar sind, dann bestätigen sie echte Autos, essenziell existierende Autos, letztendlich wirkliche Autos. Sie sind kein Madhyamaka. Sagen Sie hingegen, dass sie unter Analyse nicht auffindbar sind, wie können Sie dann behaupten, dass sie existieren? Wer könnte behaupten, vernünftige Analyse widerlege zwar die Existenz eines Gegenstandes, dieser Gegenstand existiere jedoch trotzdem?«

Tsong-kha-pas Argumentation zufolge existieren gewöhnliche Objekte, weil sie von ungetrübten Sinnesbewusstseinsarten wahrgenommen werden, die in einem sehr praktischen Sinne verlässliche Informationsquellen darstellen. Seine Gegner jedoch begegnen dem mit Zitaten aus Schriften, die – wie das folgende aus dem *Sutra vom König der Konzentration* – das Gegenteil suggerieren: »Die Sinnesbewusstseinsarten von Auge, Ohr und Nase sind keine gültige Erkenntnis.«

Abhängiges Entstehen und Leerheit

Tsong-kha-pa widmet einen wesentlichen Teil der *Großen Abhandlung* der Widerlegung von Ansichten wie diesen. Anstatt seine Ausführungen jedoch mit einem Gegenbeweis zu eröffnen, bringt er die Ungereimtheiten der Position seines Gegners ans Licht, indem er zunächst die wesentlichen Punkte seiner eigenen Sicht aufzeigt. Tsong-kha-pa zitiert fünf verschiedene Texte, in denen Nagarjuna klar feststellt, dass Leerheit und abhängiges Entstehen gleichbedeutend sind. Sie sind vollkommen kompatibel, da es sich bei ihnen eigentlich nur um zwei unterschiedliche Arten handelt, in der man über dieselbe Auffassung der Natur der Wirklichkeit sprechen kann. Sie sind der Mittlere Weg. In Nagarjunas *Grundlegende Abhandlung* etwa heißt es: »Das, was in gegenseitiger Abhängigkeit entsteht, nennen wir ›Leerheit‹. Diese Leerheit ist abhängige Benennung; das ist der Mittlere Weg.« In seiner *Widerlegung der Einwände* heißt es: »Ich verneige mich vor dem Buddha, dem höchsten, unvergleichlichen Lehrer, welcher lehrte, dass Leerheit, abhängiges Entstehen und der Mittlere Weg von einer Bedeutung sind.«

Für Tsong-kha-pa ist die Vereinbarkeit von Leerheit und abhängigem Entstehen das Herz der Madhyamaka-Sicht und der Schlüssel zum Pfad. Abhängiges Entstehen bedeutet, dass die Dinge in Abhängigkeit von Ursachen und Bedingungen in Erscheinung treten. Ein korrektes Verständnis des abhängigen Entstehens widerlegt die Idee, dass Dinge in und aus sich selbst heraus existieren – da sie notwendig von anderen Dingen abhängen müssen. Zugleich widerlegt es auch das nihilistische Extrem – da es aufzeigt, dass die Dinge entstehen, in Erscheinung treten und gegenseitig aufeinander einwirken. Meint man, man sei vielleicht zur tiefen Sicht der Leerheit gelangt, möge man prüfen, so Tsong-kha-pas Ratschlag, ob man nicht doch zu viel negiert hat. Lässt sich diese »Leerheit«, die Sie entdeckt haben, mit der bloßen Existenz von in wechselseitiger Abhängigkeit entstandenen Dingen in Einklang bringen? Ist dies nicht möglich, sind Sie gewiss einem Irrtum anheimgefallen.

Tsong-kha-pa stellt heraus, dass Interpretationen des Madhyamaka, denen es nicht gelingt, die Gültigkeit des abhängigen Entstehens zu bewahren, die gesamte Vorstellung von buddhistischer Praxis zerstören. Dies kann man zum Beispiel erklären, indem man den Dharma im Hinblick auf Pfad und Frucht betrachtet. Die *Grundlage* ist alles Existierende. Alles Existierende ist in einer der beiden Wahrheiten enthalten: (1) konventionelle

Wahrheit und (2) endgültige Wahrheit. Endgültige Wahrheit ist die Leerheit; konventionelle Wahrheiten sind alle übrigen Dinge, Lebewesen inbegriffen. Der Pfad des Mahayana umfasst zwei Formen der Praxis: (1) Praktiken, mittels derer man durch die Beziehungen zu bzw. seine Haltung gegenüber anderen Personen (konventionellen Wahrheiten) Tugend oder Verdienst ansammelt; und (2) Praktiken, die zur Ansammlung von Weisheit, zu unanfechtbarer Erkenntnis der Wirklichkeit (endgültige Wahrheit) führen. Dieser Pfad vollendet sich in der Erlangung der Frucht, der vollkommenen Buddhaschaft, die abermals zwei Aspekte aufweist: (1) die Verkörperung eines Buddha in Form (Formkörper) und (2) die Verkörperung eines Buddha in Wahrheit (Wahrheitskörper). Erstere ist die Folge der karmischen Eindrücke durch Ansammlung von Verdiensten, letztere die Folge der karmischen Eindrücke durch Ansammlung von Weisheit.

Damit wird deutlich, dass sowohl mitfühlendes Handeln als auch nicht dualistische Weisheit notwendig sind, um die Buddhaschaft zu erlangen – und dass es beider Wahrheiten, der konventionellen wie auch der endgültigen bedarf, um diese beiden Formen des Pfades zu praktizieren. Existierte nur die Leerheit und gäbe es in der Tat keine konventionellen Wahrheiten, so gäbe es keine lebenden Wesen, kein Leiden, aus dem sie zu befreien wären und somit auch kein mitfühlendes Handeln, und schließlich keine Buddhaschaft. Die Vereinbarkeit der beiden Wahrheiten – die Vereinbarkeit von Leerheit und abhängigem Entstehen – zu bewahren, ist somit von zentraler Bedeutung für den gesamten Dharma.

Wenn wir die Vereinbarkeit von abhängigem Entstehen und Leerheit verstehen, so erklärt Tsong-kha-pa weiterhin, sehen wir, dass nihilistische Fehlinterpretationen des Madhyamaka tatsächlich einiges mit den eternalistischen Extremen jener, die an der Idee einer intrinsischen Natur festhalten, gemeinsam haben. Um dies zu verstehen, sollten wir uns klarmachen, dass die grundlegende Frage – die Vereinbarkeit von Leerheit und abhängigem Entstehen – wie folgt gestellt werden kann: Kann A B hervorbringen, wenn A leer ist? Wenn A leer von intrinsischer Natur ist, wie kann es dann B hervorbringen? Angenommen, die Ursache A ist ein Same und der Effekt B ein Sprössling. Betrachten wir drei Antworten auf diese Fragen: (1) die Antwort der Essenzialisten, einschließlich einiger Buddhisten, (2) die Antwort derer, die auf der Grundlage einer Interpretation das Madhyamaka zu viel negieren und (3) Tsong-kha-pas Antwort.

Essenzialisten: Ein Same kann keinen Sprössling hervorbringen, wenn der Same von intrinsischer Natur leer ist. Verfügt der Same nicht in seiner intrinsischen Natur über die Fähigkeit, einen Sprössling hervorzubringen, dann wird aus dem Samen kein Sprössling entstehen. Da Sprösslinge hervorgebracht werden, wissen wir, dass ihre Ursachen, Samen, in ihrer essenziellen Natur über die Kraft verfügen, Sprösslinge hervorzubringen.

Diejenigen, die zu viel negieren: Wir stimmen zu, dass ein Same keinen Sprössling hervorbringen kann, wenn der Same leer von intrinsischer Natur ist. Verfügt der Same nicht in seiner intrinsischen Natur über die Fähigkeit, einen Sprössling hervorzubringen, dann wird aus dem Same kein Sprössling entstehen. Madhyamaka-Analyse zeigt jedoch, dass Samen keine intrinsische Natur aufweisen; woraus folgt, dass keine Sprösslinge hervorgebracht werden. Alles Hervorbringen, alles Hervorgebrachte ist eine Illusion.

Tsong-kha-pa: Ein Same kann einen Sprössling hervorbringen, wie sich allenthalben in der Welt beobachten lässt, wenn der Same von intrinsischer Natur leer ist. Ein Same bedarf keiner intrinsischen Natur, um einen Sprössling hervorzubringen. In der Tat kann abhängiges Entstehen so, wie es beobachtet werden kann, nur geschehen, weil Samen leer von intrinsischer Natur sind.

Indem er die Diskussion in diese Begriffe fasst, stellt Tsong-kha-pa klar heraus, dass diejenigen Tibeter, die zu viel negieren und dabei stolz auf ihre rigorose Madhyamaka-Analyse sind, tatsächlich eine gemeinsame Annahme mit den Essenzialisten teilen: Hervorbringung muss intrinsische Hervorbringung sein; Existenz muss intrinsische Existenz sein. Akzeptiert man einmal diese Annahme, verfällt man entweder in das Extrem der Verdinglichung – durch Affirmation der intrinsischen Natur – oder in das Extrem des Nihilismus – durch Abstreiten von Hervorbringung. Keine dieser Parteien vermag sich vorzustellen, dass die Dinge bloß existieren und bloß Folgen bewirken könnten, ohne hierzu einer essenziellen oder intrinsischen Natur zu bedürfen. Und doch kann Tsong-kha-pa eine große Zahl von Absätzen aus den Schriften von Nagarjuna und Chandrakirti zitieren und aufzeigen, dass sie eben diese Position vertreten: Ohne eine Spur intrinsischer Natur entstehen Dinge und bewirken das Entstehen anderer Dinge.

Es ist von größter Wichtigkeit, im Bemühen um ein Verständnis der Leerheit dem Vertrauen in das abhängige Entstehen keinen Schaden zuzufügen. Tsong-kha-pa lehrt, das abhängige Entstehen biete selbst die beste Argumentationsgrundlage, um aufzuzeigen, dass die Dinge leer von intrinsischer Natur sind. Dies können wir alltäglich üben. Wenn wir ein beeindruckendes Objekt – einen Berg oder ein großes neues Gebäude – wahrnehmen, so können wir auf der Stelle darüber reflektieren, wie dieses Objekt auf der Grundlage von Ursachen und Bedingungen entsteht. So hängt etwa ein großes Schulgebäude ab von Personen aus der Vergangenheit, die gewisse Vorstellungen davon hatten, was Bildung ist. Es hängt ab von einer Gesellschaft, in der gewisse Werte geteilt werden und die in diesem Gebäude verrichtete Arbeit unterstützt wird. Es hängt ab vom Geld, das viele Menschen erwirtschaftet haben, und somit von der Arbeit dieser Menschen, von ihrem Wirtschaftssystem. Es hängt ab von Menschen, die von dieser besonderen Schule träumen, von Architekten und Ingenieuren, die es entwerfen, von Menschen, die Materialien erzeugen und zusammenfügen, Mauern Ziegel für Ziegel errichten. Das Holz in dem Gebäude hängt ab von Bäumen, die von Wasser, Erde und Licht abhängen. Ohne harte Arbeit zur Erhaltung des Gebäudes zerfällt es schnell.

Die Schule hat keinerlei natürliche Fähigkeit, aus sich selbst heraus zu existieren. Sie ist leer von einer natürlichen Daseinskraft. Sie wäre nicht vorhanden ohne ihre Ursachen und sie wird verschwinden, wenn die Bedingungen, die sie stützen, sich verändern. Beachten Sie, dass das Gebäude auf den ersten Blick *nicht* so bedingt erscheint. Es zeigt uns nicht, wie es wirklich ist. Es präsentiert sich als etwas Imposantes, als wolle es uns weismachen, es verfüge über irgendeine natürliche Daseinskraft. In subtiler Weise trifft dies auf alle Objekte unserer Wahrnehmung zu.

Tieferes Verständnis

Auf diese Weise ist es nicht schwierig, mit dem Nachdenken darüber zu beginnen, wie abhängiges Entstehen und Leerheit kompatibel sein können. Die vollständige Entwicklung dieses Verständnisses hingegen ist schwierig. Wir müssen die Gewissheit hinsichtlich der Ursache- und Wirkungsbeziehungen bewahren – der Tatsache, dass all die verschiedenen Ursachen und Bedingungen ihre je eigenen unterschiedlichen Wirkungen hervorrufen. Zugleich sollten wir aber auch die vollständige Gewissheit entwickeln, dass all diese Ursachen und all ihre Wirkungen nicht die geringste Spur intrinsischer Existenz aufweisen. Eine Warnung Nagarjunas aufnehmend, betont Tsong-kha-pa, dass vollkommene Gewissheit sowohl hinsichtlich des abhängigen Entstehens wie auch hinsichtlich der Leerheit äußerst selten ist. Um diese rechte Sicht zu finden, so Tsong-kha-pas Rat, müssen wir unsere ethischen Verpflichtungen beherzigen und verdienstvolles Handeln und Weisheit kultivieren. Wir müssen unter guten Lehrern ernsthaft studieren, und wir müssen über ihre Lehren nachdenken, und sie uns zu Herzen nehmen.

Als Beispiel dafür, wie man auf Abwege gelangen kann, beschreibt Tsong-kha-pa die Anschauungen von Praktizierenden, deren Verständnis der Leerheitslehren fehlerhaft ist. Sie schicken sich an, Madhyamaka-Analyse zu betreiben, und bemerken sehr bald, dass auf der Suche nach einem Tisch, einem Gefäß, einer Person oder einer Schule, der gesuchte Gegenstand nicht mit einem seiner Teile identifiziert werden kann. Sie ziehen daraus den Schluss, dass es kein Objekt gibt, und reflektieren sodann, dass die gleiche Analyse die Existenz ihres eigenen analysierenden Geistes widerlegt. Sie wundern sich, wie es denn sein kann, dass sie eine Analyse durchführen, die aufzeigt, dass der analysierende Geist selbst nicht existiert, und finden sich einem Paradox gegenüber. Sie heben die Hände und schlussfolgern: »Weder existieren die Dinge, noch existieren sie nicht.«

Solch eine Herangehensweise zeugt von mangelnder Gewissenhaftigkeit und mangelndem Tiefgang. Weder führt sie zur Gewissheit hinsichtlich der Leerheit, noch zu dem machtvollen Verständnis davon, wie es sein kann, dass einzig leere Phänomene als Ursachen und Wirkungen fungieren können. Es trifft zu, dass Nagarjuna und andere Madhyamaka-Lehrer Argumente vortragen, die zeigen, wie man bei sorgfältiger Analyse das Ziel der Analyse weder auffinden noch dingfest machen kann. Diejenigen, die zu viel negieren, ziehen daraus den Schluss, dass diese Argumente die Existenz der Dinge, die analysiert werden, widerlegten. Wie Tsong-kha-pa aufzeigt widerlegen Nagarjunas Argumente aber tatsächlich, dass die Dinge in einer Art und Weise existieren, die es ihnen erlauben würde, im Zuge einer solchen Forschungsanalyse aufgefunden zu werden. Mit anderen Worten zeigt Nagarjuna, dass die Dinge nicht endgültig existieren. Seine Argumente belegen, dass die Dinge nicht essenziell existieren. Dinge verfügen nicht über die geringste Spur einer Existenz von der Art, die sich unter den Bedingungen endgültiger Analyse auffinden ließe. Und obgleich Nagarjuna zumeist keine qualifizierenden Beiwörter wie »endgültig« hinzufügt, so tut er dies eben manchmal doch. Und es kann ihm mit Sicherheit nicht darum gehen, die völlige Nichtexistenz gewöhnlicher Dinge zu beweisen. Denn warum würde Nagarjuna dann, wäre dies sein Ziel, über diese Argumentation als Teil eines Pfades sprechen, der vom Elend zur Befreiung führt? Leiden, Menschen, Pfad und Befreiung – all dies würde nicht existieren.

Um diese Idee – es existieren bloß leere Dinge, die in Beziehungen von Ursache und Wirkung interagieren – zu erklären, zitiert Tsong-kha-pa Chandrakirti:

> Leere Dinge, wie Widerspiegelungen, hängen von einer
> Ansammlung von Ursachen ab –
> Es ist ja nicht so, als wäre dies nicht wohlbekannt.
> Aus diesen leeren Widerspiegelungen und aus anderem
> entstehen Bewusstseine mit deren Abbild.
> Auf ähnliche Weise werden, obschon alle Dinge leer sind,
> von diesen leeren Dingen Wirkungen hervorgebracht.

Dieser Absatz konstruiert eine Analogie zwischen einer Widerspiegelung – die leer davon ist, das Objekt zu sein, das sie zu sein scheint, – und gewöhnlichen Dingen wie Tischen und Menschen, die fälschlicherweise so erscheinen, als existierten sie in und aus sich selbst heraus, es jedoch nicht tun. Obgleich vollkommen leer davon, zu sein, was sie zu sein scheinen, entstehen Widerspiegelungen nichtsdestotrotz aus Ursachen und Wirkungen und sind in der Lage, so zu funktionieren, dass sie ihrerseits Wirkungen hervorrufen, dann etwa, wenn eine Person ihrer gewahr wird.

In Analogie hierzu scheinen Tische und Menschen in und aus sich selbst heraus zu existieren, sind aber tatsächlich vollkommen leer von jeglicher solchen Natur. Und doch hält sie dies keineswegs davon ab, aus Ursachen hervorzugehen und Ursachen für andere Wirkungen zu sein. Was wir tun und lassen, macht einen Unterschied, weil wir existieren und weil unsere Handlungen, unsere Entscheidungen die Bedingungen sind, aus denen die Zukunft hervorgeht.

Kernaussagen Kapitel 3

Es reicht nicht aus, den Geist in einen von Gedanken freien Zustand zu versetzen und ihn so von falschen Ideen abzuziehen. Dies lässt die Wurzeln der Unwissenheit unberührt. Vielmehr ist es notwendig, durch Innenschau die Vorstellung von einem essenziellen Selbst genau zu identifizieren, um sodann Analyse zu ihrer Widerlegung einzusetzen.

Um weder zu wenig noch zu viel zu widerlegen, ist es von entscheidender Bedeutung, ganz präzise zu identifizieren, wie die Dinge durch Unwissenheit falsch aufgefasst werden. Zu viel zu widerlegen untergräbt die Ethik und führt zu Nihilismus.

Madhyamaka – der Mittlere Weg – lehrt die vollkommene Vereinbarkeit von abhängigem Entstehen und Leerheit. In vollkommener Leerheit gehen Wirkungen aus ihren jeweiligen Ursachen und Bedingungen hervor.

Das Spiegelbild eines Gesichts scheint irrtümlicherweise ein Gesicht zu sein, gleichwohl existiert es, entsteht aus Bedingungen und ruft Wirkungen hervor. Analog hierzu scheinen Tische, Stühle, Personen etc. irrtümlicherweise kraft ihrer eigenen intrinsischen Natur zu existieren, allerdings existieren und funktionieren sie konventionell.

Kapitel 4

Endgültiges und konventionelles Radio[5]

Endgültige Analyse

Der Buddha lud seine Gefolgschaft ein, ihre eigenen Vorstellungen von der Person und vom Selbst zu analysieren. Er lehrte, dass das essenzielle persönliche Selbst, an das wir glauben, nirgendwo auffindbar ist, wie man Geist und Körper einer Person auch analysieren mag. Die Person ist leer von intrinsischer Natur. Und doch gebraucht der Buddha Wörter wie »Ich« und »mein«, um sich auf sich, auf seine Motivationen und auf seine eigenen Erfahrungen zu beziehen. Zudem ist die Vorstellung einer persönlichen Identität für die buddhistische Ethik entscheidend, derzufolge Karma erzeugt wird und in diesem und in zukünftigen Leben Früchte in Form von moralischen Konsequenzen trägt. Dies ist eine Form des abhängigen Entstehens. Wie wir gesehen haben, besteht Tsong-kha-pas zentrales Anliegen bei der Widerlegung nihilistischer Madhyamaka-Fehlauslegungen darin aufzuzeigen, dass die Vereinbarkeit von abhängigem Entstehen und Leerheit das Herz der Madhyamaka-Sicht darstellt. Interpretationen der Leerheit, die das abhängige Entstehen nicht bewahren, können nicht korrekt sein.

Wie kann Tsong-kha-pa dann den Argumenten der anderen Schulen begegnen? Wenn Wagen und Personen der Madhyamaka-Analyse nicht standzuhalten vermögen, wenn ihre Wirklichkeit bei einer vorsichtigen, vernunftgeleiteten Suche nach ihnen entweicht, so bedeute dies, ihrer Argumentation zufolge, dass die

Vernunft diese Dinge widerlegt. Wie kann jemand behaupten, Dinge, die durch die Vernunft widerlegt wurden, verfügten über irgendeine Form von sinnvoller Existenz?

Tsong-kha-pa argumentiert nun, diese Frage entstünde dadurch, dass (1) die Unfähigkeit, vernünftiger Analyse standzuhalten, gleichgesetzt werde mit einer (2) Entwertung oder Widerlegung durch die Vernunft. In der Tat wird ein sorgfältiger Denker nicht behaupten, dass Dinge durch die Vernunft widerlegt werden und trotzdem existieren. Dinge können aber durchaus existieren, und sie existieren in der Tat sehr wohl, obgleich sie unfähig sind, rationaler Analyse standzuhalten. Wo liegt hier der Unterschied?

Die Frage, ob etwas rationaler Analyse standzuhalten vermag, bedeutet zu untersuchen, ob es »aufgefunden« oder bewiesen werden kann, indem man eine Reihe von Schlussfolgerungen anstellt, die – in der Absicht, zu einem Wirklichkeitskern hinter der Erscheinung vorzudringen – tief analysieren. Analysiert man mithilfe dieser Folgerungen ein Auto, so findet man keine solche essenzielle Wirklichkeit. Auch ist keines seiner Teile für sich genommen das Auto. Die vollständige Menge der Autoteile kann nicht das Auto sein, denn die Gesamtheit seiner Teile könnte in der Gegend verstreut oder beliebig übereinander gehäuft werden. Die Form des Autos ist nicht das Auto, denn diese Form könnte uns als Modell begegnen, ohne dass dies das Auto wäre. Gibt es irgendetwas anderes, auf das wir abgesehen von seinen Teilen, von der Menge der Teile und von der Form der montierten Menge der Teile verweisen könnten, das eben die Essenz des Autos darstellt? Worauf können wir verweisen? Sagt man, ein Auto sei »unfähig, rationaler Analyse standzuhalten«, so bedeutet dies die Unauffindbarkeit einer Auto-Essenz, die als Grundlage des Autos dienen könnte.

Wenn die endgültige Analyse kein Auto auffindet, so heißt das jedoch nicht, dass sie das Auto widerlegt. Vielmehr widerlegt sie ein essenziell existierendes Auto, *die Art von Auto, die sie aufgefunden hätte, wenn sich ein solches auffinden ließe.* Autos, Wagen und Personen existieren, doch wird diese Existenz durch gewöhnliche konventionelle Bewusstseinsarten festgestellt, die uns praktische und genaue Informationen über die Welt um uns vermitteln. Wir sollten nicht erwarten, sie auf der Suche nach einer Essenz unter endgültiger Analyse aufzufinden, und wir sollten nicht annehmen, ihre schiere Existenz werde untergraben, wenn sie auf diese Weise nicht aufgefunden werden.

Tsong-kha-pa liefert eine schlichte Analogie, die äußerst hilfreich für mich war: *Wie genau wir auch hinschauen mögen, wir sehen keine Klänge, und doch wird ihre Existenz dadurch nicht widerlegt.* Endgültige Analyse und konventionelle Bewusstseinsarten werden hier mit zwei verschiedenen Sinnesvermögen verglichen. Jedes liefert korrekte Informationen über seinen Bereich. In gleicher Weise gilt: Sind wir mit einem Auto so, wie wir es jetzt kennen oder wie ein Mechaniker oder Ingenieur es erklären könnte, nicht zufrieden, sondern schürfen tiefer, auf der Suche nach seiner letztendlichen ontologischen Basis, so hat die Unauffindbarkeit einer solchen endgültigen Essenz keinerlei Auswirkungen auf eine gewöhnliche Frage wie etwa: »Ist das ein gutes Auto?«. Autos existieren und fahren ohne jegliche Essenz, ohne dass sich eine Auto-Natur auffinden ließe.

Mit anderen Worten verweist die Unauffindbarkeit des Autos unter endgültiger Analyse nicht auf die Nichtexistenz des Autos. Vielmehr verweist sie auf die Tatsache, dass das Auto eben nicht auf solch eine Weise existiert, die Auffindbarkeit unter dieser Art von Analyse mit sich brächte. Somit ist Unauffindbarkeit unter Analyse ein Anzeichen für die Nichtexistenz eines essenziell existierenden Autos. Verfügten die Dinge über irgendeine Art von eigener Essenz bzw. intrinsischer Natur, argumentiert Tsong-kha-pa Chandrakirtis Nagarjuna-Auslegung folgend, müsste diese essenzielle Natur unter endgültiger Analyse auffindbar sein. Somit ist die Tatsache, dass die Dinge unter endgültiger Analyse nicht aufgefunden werden, gleichbedeutend mit dem Fehlen intrinsischer Natur in ihnen. Das Fehlen intrinsischer Natur ist logisch gleichbedeutend und universell synonym mit dem Fehlen endgültiger Existenz. Für

Chandrakirti und Tsong-kha-pa sind »nicht existent unter endgültiger Analyse«, »nicht endgültig existent« und »nicht intrinsisch oder essenziell existent« gleichbedeutend. Aber nochmals: Damit wird *nicht* gesagt, diese Dinge existierten überhaupt nicht.

Während ich über Tsong-kha-pas Analogie nachdachte – zwar sehen wir keine Klänge, doch widerlegt dies sie nicht – ersann ich für meine Studenten die Analogie zweier Radiosender. Kanal A bietet alles, was wir uns unter Radiosendungen vorstellen. Er ist unser regulärer *konventioneller* Sender, und hier erhalten wir allerlei Informationen über die Vielfalt und Komplexität der Welt. Vielleicht wird heute eine hitzige Debatte übertragen: Die Befürworter roter Autos sind erzürnt und befinden sich in heftiger Kontroverse mit den Verfechtern blauer Autos. Für gewöhnlich hören wir *nur* diesen Sender, also nehmen wir alles hin, ohne an der Oberfläche zu kratzen und ohne prüfende Blicke hinter die Kulissen. Wir sind uns der Tatsache nicht bewusst, dass es einen anderen Sender gibt oder geben könnte. Doch es gibt de facto einen zweiten Sender, übertragen auf Kanal B, die endgültige Perspektive. Das Programm auf Kanal B bietet »Radio Leerheit rund um die Uhr«. Jedes Phänomen wird nur vom Gesichtspunkt seiner endgültigen Natur dargestellt. Stellen wir unseren Empfänger auf die Sendefrequenz dieses Kanals, ist die ganze Informationsfülle des anderen Kanals nicht verfügbar. Aus der Sicht der endgültigen Wirklichkeit sind rote und blaue Autos gleichermaßen ausschließlich leer.

Radio Leerheit auf Kanal B bietet zusätzliche neue Informationen und eine tiefere Betrachtungsweise all dessen, was auf dem konventionellen Kanal erörtert wird. Es zeigt, dass die Dinge, die auf Kanal A diskutiert werden, definitiv nicht in der Weise existieren, in der sie gewöhnlich vorgestellt werden. Kehren wir zu Kanal A zurück, nachdem wir uns eine Weile auf der Frequenz von Kanal B aufgehalten haben, verstehen wir plötzlich, warum Kanal A bloß konventionell ist; er bietet nicht die einzige oder endgültige Perspektive. Doch selbstverständlich beweist diese neue Information nicht, dass rote Autos in jeder Hinsicht mit blauen Autos identisch sind. Immer noch müssen wir Unterscheidungen und Entscheidungen treffen in Bezug auf die Frage, was wir gegebenenfalls fahren wollen. Kanal B alleine ermöglicht es uns nicht, praktische Entscheidungen zu treffen, also brauchen wir trotzdem die Informationen, die uns Kanal A liefert.

Die endgültige Analyse findet also zwar nicht das Auto, doch findet oder zeigt sie ebenso wenig die Nichtexistenz des Autos. Täte sie dies, müsste das Auto nicht existent sein, da endgültige Analyse eine gültige Wissensquelle darstellt. Endgültige Analyse findet schlicht und einfach nicht die Autowirklichkeit, die sich durch diese Art von Analyse auffinden ließe. Dies ist eine sehr wichtige Unterscheidung, und sie verdeutlicht zu haben, ist einer von Tsong-kha-pas bedeutendsten Beiträgen zur Geschichte tibetischer Philosophie. Konventionelle Wirklichkeiten werden dadurch, dass sie zutiefst leer von Essenz sind, nicht ausradiert; stattdessen verfügen sie über eine eigene Art der Gültigkeit als Objekte, die durch konventionelle Bewusstseinsarten erkannt werden. Bei dem Problem, uns Klarheit darüber zu verschaffen, welches Auto wir fahren sollten, handelt es sich um das allgemeine Problem der Wahl zwischen verschiedenen Handlungsweisen. Es ist die Frage, wie leere Personen Richtig und Falsch unterscheiden können. Um diese Frage zu beantworten, so zeigt Tsong-kha-pa, müssen wir zwischen zwei Arten des Wissens über Personen, Autos und andere Dinge unterscheiden.

Einige tibetische Interpreten des Madhyamaka behaupten, wenn man von der Existenz von Autos und Personen spreche, so sei das nur ein Zugeständnis an die ethische Situation und das beschränkte Verständnis derer, die philosophisch nicht spitzfindig genug sind. Dieser Auslegung zufolge läuft die Bestätigung konventioneller Existenz im Madhyamaka lediglich darauf hinaus, zuzugeben, dass andere Leute, etwa Schäfer und Mechaniker, darauf bestehen, so über Schafe und Autos zu sprechen, als existierten diese tatsächlich. Wir hingegen, die Philosophen und spirituell Praktizierenden, sind über solche Konventionen erhaben und wissen unsererseits sehr wohl, dass vernünftige Analyse die Existenz solcher Dinge widerlegt.

Tsong-kha-pa weist diese Interpretation konventioneller Existenz auf das Schärfste zurück. Er betont, dass die gewöhnlichen konventionellen Bewusstseinsarten, die genaue Informationen über praktische Unterscheidungen liefern, unter Philosophen und fortgeschrittenen Meditierenden ebenso angetroffen und ebenso sehr benötigt werden, wie unter Schafhirten und Mechanikern. Diese Bewusstseinsarten bestimmen, ob etwas konventionelle Gültigkeit hat. Es ist wohl so, dass die meisten Philosophen wenig über die relativen Vorzüge verschiedener Autos wissen, einige Auto-Philosophen jedoch mögen eine ganze Menge darüber wissen, während die übrigen immerhin die nötigen Grundvoraussetzungen besitzen, um sich gegebenenfalls das entsprechende Wissen anzueignen. Philosophen wissen, dass die Unterscheidung zwischen einem guten Auto und einem schlechten Auto der endgültigen Analyse nicht standzuhalten vermag, doch wenn es wichtig für sie ist, sind sie vollständig ausgerüstet, um zu lernen, wie man solch eine Unterscheidung trifft.

In der *Großen Abhandlung* ist endgültige Analyse etwas Erleuchtendes und Befreiendes. Doch verlangt vollkommene spirituelle Erfüllung auch die Fähigkeit, mitfühlend zu handeln, und das beinhaltet, dass man praktisch relevante Unterscheidungen trifft. Deshalb besteht Tsong-kha-pa auf der klärenden Kraft der nicht endgültigen Analyse, einer Analyse, die innerhalb der Beschränkungen und Grenzen konventioneller Fakten und Sprache operiert, um zu klären, was existiert und was nicht existiert, was hilfreich ist und was nicht hilfreich ist. Es ist schließlich nicht so, dass jede nützliche Analyse alles immer gleich auf die Leerheit reduzieren muss. Wir können, mit anderen Worten, wertvolle, praktische Dinge lernen, indem wir analysieren, welches Auto gut zu fahren ist, welche Tat hilfreich ist, welche Saat gut zu säen ist, ohne bei jedem Schritt den letztendlichen ontologischen Status von Auto, Tat und Saat zu hinterfragen.

Nun mag es sein, dass Realisten oder Essenzialisten sich – in ihrem Glauben, die Dinge existierten so, wie sie erscheinen, nämlich aus ihrer eigenen Kraft heraus – bestätigt fühlen, wenn ihnen Tsong-kha-pas Argument von der Nichtwiderlegung der Existenz von Autos und Tischen durch die Madhyamaka-Analyse zu Ohren kommt. Sie könnten sagen: »Es ist eben so, wie wir es Ihnen gesagt haben. Autos sind deshalb real, weil sie, genau wie Sie es erklärt haben, in keiner Weise durch dekonstruktive Analyse widerlegt werden. Wir können fortfahren wie bisher.« Tsong-kha-pa hingegen rettet keinesfalls die Realisten und Essenzialisten. Existierten die Dinge in der Weise, wie sie uns gewöhnlich erscheinen, müssten sie unter endgültiger Analyse aufgefunden werden. Dinge erscheinen nämlich, als wären sie von Natur aus errichtet, selbst eingesetzt; und doch, begeben wir uns auf die Suche, können wir keine Spur einer Essenz finden, die so etwas gestatten würde.

Der Tatsache eingedenk, dass endgültige Analyse das Entstehen eines Gegenstands in Abhängigkeit von einem anderen nicht widerlegt, dürfen wir also trotzdem nicht meinen, endgültige Analyse sei aus diesem Grunde trivial, gleich irgendeinem philosophischen Trick oder Spiel. »Intrinsische Natur« ist nicht wie ein Hut, den wir aufsetzen (wenn wir zuerst davon reden hören) und dann absetzen (wenn wir von seiner Widerlegung hören), ohne dass die Welt, wie wir sie jetzt sehen, davon Schaden nähme.[6] Ein allgemeines Gefühl, dass die Dinge wirklich und solide sind und genau so, wie sie uns erscheinen auch existieren, ist mit der Art und Weise, wie wir die Welt erfahren, eng verwoben. Tische existieren zwar, doch müssen wir sie erst noch so sehen, wie sie tatsächlich sind. Unsere Wahrnehmung von ihnen ist zwar eine verlässliche Quelle von Informationen, zugleich aber durch einen verzerrenden Schleier verunreinigt. Diese Verzerrung besteht darin, dass der Tisch als etwas erscheint, was aus eigener Kraft da zu sein vermag, etwas, was in und aus sich selbst heraus existiert.

Wenn wir also zu sehen beginnen oder wenn uns auch nur der Verdacht kommt, dass es den Dingen an Essenz mangelt und sie keineswegs so sind, wie wir angenommen hatten, dann mag das Angst in uns auslösen, so als fiele unsere Welt auseinander oder als verdunste sie unter unseren Füßen. Wir beruhigen uns wieder, indem wir uns abermals ins Gedächtnis rufen, dass es schließlich *nicht* so ist, dass dort nichts ist. Es gibt abhängiges Entstehen, so wie es sich seit eh und je vollzieht. Die Analyse bedroht nichts außer den falschen Anstrich, den verzerrenden Schleier, der uns und anderen so viel Elend bereitet hat.

Konventionelle Existenz

Somit erklärt Tsong-kha-pa, dass Madhyamaka zwar intrinsische Existenz widerlegt, der weltlichen Konvention jedoch insofern folgt, als es die schiere Existenz von Tischen und Stühlen und Menschen akzeptiert. Dies wirft die Frage auf: Ist es nicht so, dass einige der Dinge, die wir als »weltliche Konventionen« betrachten, tatsächlich falsch sind? Wie steht es etwa mit der Idee eines göttlichen Schöpfers, der die Angelegenheiten der Welt überschaut und darüber wacht, dass Gerechtigkeit waltet?

Bei der Widerlegung solcher Ansichten bedienen sich buddhistische Philosophen rationaler Analysen und Argumente. Daraus haben, Tsong-kha-pa zufolge, viele tibetische Philosophen den Schluss gezogen, Personen und Tischen käme der gleiche Status zu wie dem göttlichen Schöpfer, da beide durch Analyse widerlegt und doch im konventionellen Glauben vieler Menschen aufrechterhalten werden. Tibetische Philosophen dieses Zuschnitts können selbst die konventionelle Existenz einer Person oder eines Autos nicht akzeptieren, da sie denken, es folge hieraus zwangsläufig die Akzeptanz aller in der Welt bekannten Konventionen, einschließlich der Konvention eines Schöpfergottes. Sie glauben, die Zurückweisung der konventionellen Existenz von Konstrukten wie etwa der göttliche Schöpfer verpflichte sie zur Zurückweisung der konventionellen Existenz von Wagen und Personen. Infolgedessen ist es ihnen unmöglich, ihrerseits irgendwelche konventionellen Unterscheidungen zu treffen; sie vertreten die Auffassung, alle Unterscheidungen würden aus Unwissenheit getroffen, bisweilen jedoch vom Philosophen als ein Zugeständnis an die Unwissenden mitfühlend toleriert. Sie behaupten, ihrerseits kein Phänomen zu identifizieren oder zu bestätigen. Im Zusammenhang mit einem solchen Verständnis bedeutet die Meditation über Leerheit das Stabilisieren des Geistes, ohne irgendetwas wahrzunehmen.

Tsong-kha-pa erklärt nachdrücklich und wiederholt, dass er mit diesem Ansatz nicht einverstanden ist und ihn für eine beklagenswerte und nihilistische Abweichung vom philosophischen Mittleren Weg des Buddhismus hält. Er argumentiert, die Madhyamaka-Philosophen müssten in der Lage sein, konventionelle Unterscheidungen zu treffen, zu erklären, wie die Welt auf der konventionellen Ebene funktioniert und dabei mittels ihrer Urteilskraft die konventionelle Existenz von Konstrukten wie einem Schöpfergott widerlegen.

Tsong-kha-pas *Große Abhandlung* führt drei Kriterien an, die gegeben sein müssen, damit man von der konventionellen Existenz einer Sache sprechen kann: (1) En konventionelles Bewusstsein weiß davon; (2) kein anderer konventionell gültiger kognitiver Akt widerspricht der Annahme, dass sie eben so existiert, wie sie erkannt wird; und (3) der Verstand, der ihre letztendliche Wirklichkeit analysiert – also fragt, ob sie intrinsisch existiert – findet keinen Widerspruch. Da nichts endgültig existiert, existiert das, was diese Kriterien für konventionelle Existenz nicht erfüllt, überhaupt nicht.

Das erste Kriterium für konventionelle Existenz ist, dass ein konventionelles Bewusstsein davon weiß. Tsong-kha-pa sagt uns, dass sich in gewisser Hinsicht alle konventionellen Bewusstseinsarten auf eine nicht hinterfragende Weise betätigen; bis zu einem gewissen Grad funktionieren sie innerhalb des Kontextes der Erscheinungsweise eines Objekts, ohne zu fragen: »Existiert das Objekt wirklich so, oder erscheint es dem Geist bloß in dieser Weise?« Zugleich betont er einen wichtigen Punkt, nämlich dass konventionelle Bewusstseinsarten nicht notwendigerweise *gänzlich* ohne solches Hinterfragen arbeiten. Sie operieren im Gefüge dessen, wie die Dinge erscheinen, aber *innerhalb dieses Zusammenhangs sind sie fähig zu analysieren.* Mit anderen Worten sind sie imstande, Fragen zu analysieren, etwa: »Lässt sich dieses Auto gut fahren?«, »Ist es gut, diese Handlung auszuführen?« Diese Analyse kann recht tief gehen, obschon sie davor haltmacht, die Seinsweise oder den ontologischen Status der Dinge infrage zu stellen. Sie stellt mit anderen Worten nicht die Frage: »Was ist ein Auto wirklich?«

Jeder verfügt über diese Art des gewöhnlichen analytischen Bewusstseins. Bisweilen stellen wir vielleicht philosophische Fragen wie: »Ist dieses konventionelle Wissen wirklich zutreffend?« oder »Existiert dieses Objekt in Wirklichkeit auf diese Weise?« Und doch können wir nicht immer so denken. Wir müssen weltliche Unterscheidungen treffen über die Tageszeit, über das Wetter, darüber, was essbar ist und was nicht und so weiter und so fort. Zudem müssen wir andere, im Hinblick auf unser berufliches Tätigkeitsfeld höchst spezialisierte analytische Unterscheidungen treffen. Tsong-kha-pa erinnert uns also daran, dass es sich bei konventionellem Wissen nicht bloß um das handelt, was philosophisch nicht bewanderte Dorfälteste etc. akzeptieren. Auch fortgeschrittene Praktizierende und spitzfindige Philosophen müssen auf konventionelles Wissen zurückgreifen und sich darauf stützen. Konventionelles Wissen ist sicher auf jeder Seite eines philosophischen Arguments beteiligt. Es zeigt sich etwa in den Beispielen, derer wir uns bedienen, wenn wir uns argumentierend miteinander auseinandersetzen. Es stellt die Wahrnehmungs- und Erfahrungsgrundlage für alle unsere Sprachen dar.

Tsong-kha-pas übrige zwei Kriterien für konventionelle Existenz bringen nun aber Klarheit darüber, dass einige Dinge, von denen konventionelles Bewusstsein etwas zu wissen scheint, tatsächlich nicht existieren. Sorgfältige Analyse und genaue Wahrnehmung können sogar auf der konventionellen Ebene aufzeigen, dass Dinge, die von einigen Personen oder Arten von Bewusstsein als Tatsachen aufgefasst werden, tatsächlich vollkommen falsch sind. So könnte etwa ein gewöhnliches konventionelles Bewusstsein ein Seil für eine Schlange halten oder eine Fata Morgana für Wasser. Um solche falschen Ideen und Wahrnehmungen zu widerlegen, bedarf es keiner Leerheitsanalyse. Der Glaube daran, dass die Erde eine flache Scheibe ist, und andere durch die Wissenschaft widerlegte Hypothesen fallen sämtlich in diese Kategorie.

Weiterhin gibt es Dinge, die dem Bereich der gewöhnlichen, konventionellen Erfahrung zugehörig zu sein scheinen – und denen gründliches konventionelles Wissen nicht widerspricht –, und die gleichwohl falsch sind. Mit Tsong-kha-pas Worten: »Es gibt Dinge, die anscheinend seit anfangloser Zeit ›der Welt bekannt sind‹ und doch nicht einmal konventionell existieren, insofern der Verstand ihnen widerspricht.« Beispiele hierfür wären etwa die falschen Vorstellungen (und falschen Wahrnehmungen), dass die Dinge über eine essenzielle Natur verfügen, oder die Idee, der Berg von heute sei mit dem Berg von gestern identisch. Einzig eine Analyse der tatsächlichen Existenzweise der Dinge erlaubt es, diese Ideen zu widerlegen. Und sie werden widerlegt, und somit existieren sie nicht einmal konventionell. Es trifft also nicht zu, dass Madhyamikas alles akzeptieren, was normalerweise für Allgemeinwissen gehalten wird.

Andererseits akzeptiert Tsong-kha-pa die konventionelle Gültigkeit von Autos und Tischen und Menschen, wie sie gewöhnlichen, gesunden Bewusstseinsarten erscheinen, die nicht von Faktoren wie Krankheit, optischer Täuschung, schlechter Philosophie etc. an der Nase herumgeführt und verzerrt wurden. Wie wir gesehen haben, argumentiert er, dass jede vernunftgeleitete Analyse von dieser Grundmenge genauer und verlässlicher Daten ausgehen kann und muss. Obwohl die Sinne fälschlich Bilder von Autos und Tischen präsentieren, die erscheinen, als wären sie objektiv, unabhängig und essenziell wirklich, so erlauben sie uns doch, genau zwischen einem Auto und einem Tisch zu unterscheiden. Weitere Analyse auf der konventionellen Ebene kann uns sogar zu dem Wissen führen, an welchen Tischen wir (wenn überhaupt) sitzen sollten, und welche Autos (wenn überhaupt) sich gut fahren lassen.

Kernaussagen Kapitel 4

Nichts vermag endgültiger Analyse standzuhalten. Untersucht man etwas im Hinblick auf seine endgültige Bestehensweise, erweist es sich unweigerlich als leer.

Durch diese Analyse werden die Dinge nicht widerlegt. Sie unter Bedingungen endgültiger Analyse nicht aufzufinden, bedeutet lediglich, dass sie jeglicher endgültigen oder essenziellen Natur, wie sie unter den Bedingungen einer derartigen Analyse auffindbar sein müsste, entbehren. Die Dinge existieren bloß konventionell – und dies bedeutet, dass sie existieren.

Wie sorgsam wir auch hinschauen, wir werden doch niemals Geräusche sehen. Ebenso existieren Objekte konventionell, obgleich sie unter Bedingungen endgültiger Analyse nicht aufgefunden werden. Wie Sehen und Hören, oder wie zwei verschiedene Radiosender, stellen konventionelles und endgültiges Wissen zwei verschiedene und gültige Methoden zur Erlangung nützlicher Informationen über die Welt dar.

Beide Wissensarten sind auf dem Pfad unverzichtbar: Endgültiges Wissen dringt bis zur Leerheit vor und ermöglicht so ein Entrinnen aus dem Daseinskreislauf; konventionelles Wissen unterscheidet zwischen Richtig und Falsch und lässt Mitgefühl für konventionell existierende Personen zu.

Nichts existiert endgültig, da alles der essenziellen Natur entbehrt, die unter Bedingungen endgültiger Analyse auffindbar wäre. Alle Dinge, sogar die Leerheit, existieren bloß konventionell. Konventionell zu existieren bedeutet (1) von einem konventionellen Bewusstsein erfasst zu werden, (2) von konventionellem Bewusstsein nicht widerlegt zu werden und (3) von endgültigem Wissen nicht widerlegt zu werden.

Beispiele: Ein Tisch erscheint einem konventionellen Bewusstsein, wird von konventionellem Wissen als ein Tisch bestätigt und existiert auch weiterhin, obwohl er sich endgültigem Wissen als leer darstellt. Das Spiegelbild eines Gesichts erscheint einem konventionellen Bewusstsein als Gesicht, wird von konventionellem Wissen jedoch widerlegt. Die Person erscheint einem konventionellen Bewusstsein als mit einem essenziellen Selbst ausgestattet und wird von konventionellem Wissen nicht widerlegt, wohl aber von endgültigem Wissen.

Kapitel 5

Verlässliche Quellen[7]

Unsere Sinne als Wissensquelle

Wenn Tsong-kha-pa uns rät, die Schriften und die klassischen Abhandlungen zu lesen, fleißig zu studieren und das Gelesene zu durchdenken, so rät er uns, es ihm gleichzutun. Seine gründliche Lektüre der Madhyamaka-Texte, seine eigene subtile Analyse, lehrten ihn, ihre Bedeutung mit besonderer und kraftvoller Klarheit zu verstehen. Die *Große Abhandlung* ist Tsong-kha-pas persönlicher spiritueller Rat, und ihr Zweck ist – selbstverständlich – nichts anderes, als uns dabei zu helfen, zur Bedeutung der buddhistischen Schriften vorzudringen. Tsong-kha-pa zeigt uns, wie er Nagarjuna liest und wie er Chandrakirti liest, um die Fehler zu vermeiden, die viele frühere Interpreten begangen hatten. Mit anderen Worten ist die *Große Abhandlung* ein persönlicher Wegweiser und zugleich der Kommentar eines Gelehrten. Tsong-kha-pas Absicht ist es, uns beim Ausräumen von Zweifeln behilflich zu sein, während wir uns bemühen, die Bedeutung der Dharma-Lehren in unserem Geist zu etablieren.

Zentral ist dabei das Thema der Gültigkeit von Informationen, die wir vom konventionellen Bewusstsein erhalten. Wie in Kapitel 3 festgestellt wurde, wissen wir, Tsong-kha-pas Argumentation zufolge, dass gewöhnliche Objekte existieren, weil sie von Sinneswahrnehmungen erfasst werden, die durch keine Störung getrübt oder beeinträchtigt sind – von Wahrnehmungen, die in sehr praktischer Weise verlässliche Informationsquellen darstellen. Seine

Gegner begegnen dem jedoch mit Zitaten aus Schriften, die – wie dieses aus dem *Sutra vom König der Konzentration* – das Gegenteil suggerieren: »Bewusstseinsarten von Auge, Ohr und Nase stellen keine gültige Erkenntnis dar.« Und ebenso Chandrakirti, wenn er sagt: »Die Welt ist in keiner Weise gültig.«

In einer sorgsamen Interpretation von Chandrakirtis eigener Erklärung dieser Frage zeigt Tsong-kha-pa die klare Bedeutung dieser Absätze, dass nämlich gewöhnliche weltliche Bewusstseinsarten keine gültige Informationsquelle »im Zusammenhang mit der Wirklichkeit« oder »im Hinblick auf die Wirklichkeit« darstellen. Die hier mit »Wirklichkeit« übersetzten Termini sind »Genau-das-heit (*de kho na nyid*)« und »Soheit (*de bzhin nyid*)«. Diese Termini verweisen auf die endgültige Wirklichkeit, die letztendliche Natur der Dinge. Sie beziehen sich auf die Leerheit. Dementsprechend erklärt Tsong-kha-pa, Chandrakirti wolle uns eindeutig demonstrieren, dass wir uns nicht darauf verlassen können, dass unsere gewöhnlichen Sinnesorgane uns mitteilen, ob etwas leer von intrinsischer Natur ist oder nicht. Erblicken wir einen Tisch, vermitteln uns unsere Augen ein Bild von etwas, das dem Anschein nach an seinem Ort entstand – von uns getrennt und unabhängig von seinen Ursachen und Teilen. In dieser Hinsicht ist ein visuelles Bewusstsein »in keiner Weise gültig«. In dieser Hinsicht ist es »kein gültiger kognitiver Akt«. Wünschen wir genaue Informationen darüber zu erhalten, ob Dinge natürlich, in und aus sich heraus existieren, müssen wir die Senderfrequenz von Kanal B einstellen, indem wir analysieren, den Verstand gebrauchen, den Tisch auf seine Seinsweise hin befragen. Wenn unsere gewöhnlichen Sinne uns bereits ein zutreffendes Bild der endgültigen Wirklichkeit vermittelten, so Chandrakirti, welchen Sinn hätte es dann noch, sich um die Entwicklung eines erleuchteten Geistes zu bemühen?

Tsong-kha-pa erklärt in mühsamer Feinarbeit, dass unsere gewöhnlichen konventionellen Bewusstseinsarten – solange sie nicht durch optische Täuschungen, Drogen, fehlerhafte Philosophie etc.

beeinträchtigt sind – verlässliche Informationsquellen darstellen, wenn es darum geht zu erkennen, was und was nicht existiert. In diesem Sinne sind sie »gültig« bzw. maßgeblich. Sie können uns sagen, ob sich ein Tisch im Raum befindet oder nicht. Sie können uns sagen, ob der Mond scheint. Sie sagen uns, wo die Straße eine Kurve beschreibt. Was diese Art der Information anbelangt, so können wir uns auf sie verlassen.

In einigen anderen Schulen buddhistischer Philosophie heißt es, gültige Erkenntnis gelte deshalb als gültig, weil sie die »Natur« ihres Objekts korrekt erkennt. Diese Schulen behaupten zudem, dass Objekte kraft ihrer eigenen Natur existieren. Folglich impliziert ihr Verständnis einer gültigen Erkenntnis, dass die essenzielle Natur eines Objekts erfasst wird und dass dieses Erfassen der essenziellen Natur die tatsächliche Existenz des Objekts gewährleistet. Chandrakirti greift jede derartige Vorstellung von gültiger Erkenntnis an, ist Gültigkeit hier doch einzig auf der Grundlage wirklicher Essenz möglich. Liest man diese Abschnitte aus ihrem Kontext herausgelöst, so kann der Eindruck entstehen, als erkläre Chandrakirti hier eine allgemeine Widerlegung der Gültigkeit konventionellen Wissens. Und doch stünde dies im Widerspruch zu Chandrakirtis klarer Aussage: »Die Welt erkennt Objekte mittels vier Arten von gültiger Erkenntnis.«

Tsong-kha-pas Erklärung zufolge ist Chandrakirti selbst der Auffassung, dass es gültiges konventionelles Wissen gibt, dies jedoch kein Wissen über Objekte ist, die von ihrer eigenen Natur her existieren. Vielmehr erfasst das konventionelle Bewusstsein Dinge, die in einer wichtigen Hinsicht falsch sind. Ein Tisch ist keine endgültige Wirklichkeit. Er existiert, doch er existiert nicht so, wie er erscheint. Wenn wir auf analytischem Weg nach diesem scheinbar unabhängigen Tisch suchen, können wir ihn nicht auffinden. Somit existiert ein Tisch; er ist aber zugleich insofern »falsch«, als er nicht in der Weise existiert, in der er erscheint. Eben diese konventionellen, in falscher Weise erscheinenden Objekte – Objekte, die existieren –, sind die Objekte des konventionellen Wissens.

Wie oben besprochen ist verlässliches Wissen über konventionelle Objekte, die unseren Sinnen auf falsche Weise erscheinen, für den Pfad unabdingbar. Wir finden letztendliche Befreiung und Erfüllung in der Buddhaschaft durch Weisheit nur, wenn sie mit Mitgefühl und tugendhaftem Handeln einhergeht. Der mitfühlende Geist muss leidende Wesen wahrnehmen, und diese Wesen erscheinen natürlich – fälschlicherweise – so, als wären sie objektiv und unabhängig real. Mit zunehmender Tiefe unseres Verständnisses der Leerheit lernen wir, dieser falschen Erscheinungsweise mehr und mehr zu misstrauen und mit Zweifel zu begegnen. Die falsche Erscheinungsweise aber bleibt bestehen, bis wir Buddhas sind.

Dies ist eine seltsame Wahrheit, und sie ist der entscheidende Punkt in dieser Angelegenheit: Unsere Sinne informieren uns verlässlich über die gewöhnlichen Dinge in der Welt, und doch irren sie sich in Bezug darauf, auf welche Weise diese Dinge wirklich existieren. Bei dem Versuch, dies klar zum Ausdruck zu bringen, sagen Tsong-kha-pa und seine Anhänger beispielsweise, dass unsere Augen und Ohren zwar »fehlerhaft« (*'khrul ba*) aber nicht »falsch« (*log pa*) sind. Sie sind fehlerhaft, weil sie fortwährend Abbilder ihrer Objekte liefern, die diese so repräsentieren, als existierten sie substanziell, natürlich, unabhängig. Sie sind verlässlich und nicht falsch, weil die Farben, Formen, Klänge, Geschmacksempfindungen, Gerüche und Oberflächenbeschaffenheiten, die sie uns erschließen, existieren.

Vielleicht denken Sie, es müsse aus der Tatsache, dass konventionelle Bewusstseinsarten verlässliche Wissensquellen darstellen und die Dinge als natürlich existierend wahrnehmen, folgen, dass Dinge konventionell natürlich *existieren*. Dieser Sicht zufolge gibt es zwar letztendlich keine intrinsische Natur, doch unterscheiden wir Tische von Stühlen und rote Autos von blauen Autos aufgrund der Tatsache, dass sie unterschiedliche intrinsische Eigenschaften aufweisen. Chandrakirti und Tsong-kha-pa argumentieren, dass dies die Auffassung Bhavavivekas sei, die als Svatantrika Madhyamika klassifiziert werde, und sie lehnen diese Auffassung ab. Es ist nicht so leicht, dies richtig zu verstehen. Wie Tsong-kha-pa selbst sich ausdrückt: »Da wir essenzielle und intrinsische Natur sogar *konventionell widerlegen* (...) scheint es extrem schwierig, an konventionellen Objekten festzuhalten.« Wohl in Gedanken an etliche seiner tibetischen Zeitgenossen fügt er hinzu: »Dies führt bei den meisten Personen dazu, dass sie einer zu negativen Sichtweise verfallen.«

Tische und Autos und Personen existieren konventionell. Für Tsong-kha-pa bedeutet die Aussage, etwas existiere konventionell, dass es existiert, weil es von einem verlässlichen Geist vorgefunden wird, wie etwa im Falle eines ungetrübten visuellen Bewusstseins, das eine Form wahrnimmt. Tische etc. sind unter endgültiger Analyse nicht auffindbar, existieren mithin nicht endgültig, doch werden sie, wie wir gesehen haben, keinesfalls durch Analyse widerlegt. Durch Analyse widerlegt wird hingegen die Vorstellung einer intrinsischen Natur oder essenzieller Merkmale. Es gibt keinerlei essenzielle Natur. Somit existiert diese sogar konventionell nicht.

Die meisten von uns sind nicht fähig, dies zu Beginn des Studiums alles auf einmal zu verstehen. Im Bemühen, diese Dinge zu erfassen, sollte eines nicht vernachlässigt werden. Das, was alles im Gleichgewicht hält – der Mittlere Weg –, ist das abhängige Entstehen. Eins entsteht in Abhängigkeit vom anderen. Unsere Entscheidungen beeinflussen, was als Nächstes passiert. Jedes Ding entsteht genau in einem bestimmten Moment nicht aus seiner einmaligen Essenz heraus, sondern aufgrund von Beziehungen inmitten eines riesigen Netzwerks von Bedingungen – worin jeder einzelne Knotenpunkt in gleicher Weise frei von essenzieller oder intrinsischer Natur ist.

Wie Dinge entstehen

Eines von Nagarjunas Argumenten zum Widerlegen essenzieller Existenz besteht darin, zu zeigen, dass die Dinge nicht aus sich selbst heraus entstehen, nicht aus anderen Dingen entstehen, nicht sowohl aus sich selbst als auch aus anderen Dinge entstehen und dass sie nicht ohne Ursache entstehen. Nagarjuna und Chandrakirti bringen klar zum Ausdruck, dass jede dieser vier Arten der Hervorbringung sogar konventionell widerlegt wird. Wie kann uns Tsong-kha-pa in diesem Fall helfen zu verstehen, wie diese Madhyamaka-Autoren abhängiges Entstehen akzeptieren und bewahren?

Tsong-kha-pa erklärt, dass Nagarjuna und Chandrakirti die Vorstellung widerlegen, mithilfe von Analyse sei Hervorbringung auffindbar. Personen, die an »wirkliche Hervorbringung« oder »wirkliche Existenz« glauben, meinen, die Dinge wiesen irgendeine Art lokalisierbare Essenz auf. Wenn wir uns einen Überblick über alle Möglichkeiten verschaffen und sie durchgehen, sollten wir in der Lage sein, auf den Punkt zu bringen, in genau welcher Weise die Hervorbringung denn vonstattengeht. Im Verlauf der sorgfältigen Analyse einer jeden Möglichkeit gelingt es uns jedoch – beispielsweise – nicht, die exakten Mechanismen auf den Punkt zu bringen und zu beschreiben, wie ein Ding aus einem anderen, vollkommen verschiedenen Ding hervorgeht. Dasselbe gilt für die anderen drei Möglichkeiten.

Dinge, die bloß konventionell existieren, entstehen in Abhängigkeit von Dingen, die bloß konventionell existieren, und sie tun dies in einer Weise, die sowohl verlässlich als auch rätselhaft ist. Sie ist verlässlich, denn wir können damit rechnen, dass bestimmte Umstände bestimmte Folgen hervorbringen: Ein Feuer zu entfachen, bringt keine Abkühlung, aus den Kernen einer Birne wird kein Apfelbaum. Im konventionellen und wissenschaftlichen Rahmen können wir analysieren und erklären, warum diese Dinge so sind.

Zugleich ist sie zutiefst rätselhaft, denn in unseren Bemühungen zu analysieren und zu kategorisieren können wir niemals vollends ergründen, wie abhängiges Entstehen genau funktioniert. Nehmen wir beispielsweise an, wir seien der Auffassung, Hervorbringung sei wahrhaft existent – sie könne so verstanden werden, wie sie erscheint –, weil die Dinge von anderen Dingen hervorgebracht werden. Wir könnten meinen, eine Ursache sei eine Sache, eine Wirkung jedoch etwas von anderer Natur, etwas das räumlich von der Ursache getrennt und zeitlich auf die Ursache folgend eintrete. Kann eine Ursache aber tatsächlich eine Wirkung hervorbringen, ohne sie in Zeit oder Raum je zu berühren? Wenn diese beiden sich nie berühren, wie lässt das eine dann das andere entstehen? Durch ein dazwischentretendes Medium? Und müsste man dann nicht sagen, das dazwischentretende Medium fungiere als tatsächliche unmittelbare Ursache? Angenommen, die tatsächliche unmittelbare Ursache, was auch immer sie sein mag, berühre die Wirkung tatsächlich. Bedeutet dies, dass es dazu kommt, dass Ursache und Effekt dann zu einem bestimmten Zeitpunkt gleichzeitig und an exakt demselben Ort existieren? Wenn nicht, wie könnten wir dann noch behaupten, dass zwischen ihnen Kontakt stattgefunden habe? Müsse man nicht weiterhin ein dazwischentretendes Medium annehmen? Nimmt man aber andererseits an, dass Kontakt zwischen Ursache und Wirkung stattfindet, da sie sich gleichzeitig am selben Ort befinden, stünde man dann nicht mit einer Ursache da, die der Wirkung zeitlich nicht mehr vorangeht? Und wenn sie sich tatsächlich zur selben Zeit an ein und demselben Ort befinden müssten, damit eins das andere bewirken kann, in welchem Sinne sind sie dann wirklich verschieden?

Tsong-kha-pa vertritt die Auffassung, diese Art der Analyse widerlege essenziell wirkliche Hervorbringung. Sie widerlege also jede Vorstellung von einer Hervorbringungsweise, die durch Analyse auffindbar wäre. Sie widerlege jedoch nicht die bloße Hervorbringung an sich; sie widerlege nicht das abhängige Entstehen.

Tsong-kha-pa zitiert Chandrakirti, um jeden Zweifel auszuräumen, er habe dies bloß aus der Luft gegriffen:

> Weil Dinge weder ohne Ursache hervorgebracht werden,
> Noch von Ursachen wie einem göttlichen Schöpfer,
> Noch aus sich selbst, noch zugleich aus sich selbst und anderen,
> Deshalb werden sie abhängig hervorgebracht.

Chandrakirti stellt fest, dass durch Eliminierung der vier Möglichkeiten abhängige Hervorbringung bewiesen werde. Hieran lässt sich überaus klar erkennen, dass für Chandrakirti bloße Hervorbringung, der Fluss des abhängigen Entstehens selbst, *keine* dieser vier Möglichkeiten darstellt.

Wir brauchen mithin keine weiteren Möglichkeiten in Betracht zu ziehen, denn wir haben ja eine Alternative dazu, uns auf eine der vier festzulegen. Die vier enthalten alle möglichen Formen analytisch lokalisierbarer Hervorbringung, der Art von Hervorbringung, wie sie unserem Geist erscheint. Da keine dieser Hervorbringungsarten aufgefunden werden kann, erkennen wir, dass die Art, wie Hervorbringung unserem Geist erscheint, nicht der Weise entspricht, in der sie sich tatsächlich ereignet. Selbstverständlich entstehen Dinge. Abhängiges Entstehen bedeutet, dass »dies entsteht, weil jenes ist«, und zwar in einer Weise, die endgültiger analytischer Prüfung nicht standzuhalten vermag – aber trotzdem funktioniert.

Tsong-kha-pa zitiert einen Abschnitt aus Chandrakirti, worin ein Gegner argumentiert, es sei widersprüchlich zu sagen, abhängig hervorgebrachte Dinge würden in keiner der vier Arten hervorgebracht. Wenn sie in Abhängigkeit hervorgebracht würden, so würden sie ja schließlich hervorgebracht. Chandrakirti antwortet, indem er unmissverständlich klarstellt: »Wir bleiben dabei, dass abhängig hervorgebrachte Dinge – so wie Widerspiegelungen – nicht *intrinsisch* hervorgebracht werden.« Die Widerlegung der vier Arten von Hervorbringung widerlegt mit anderen Worten jede Art der Hervorbringung, die ihre eigene intrinsische Natur hat und somit unter Analyse auffindbar wäre. Sie widerlegt intrinsisch existierende Hervorbringung. Doch heißt dies nicht, dass nichts hervorgebracht würde. Dinge werden insofern hervorgebracht, als sie abhängig Entstehendes sind.

In diesem Abschnitt fügt Chandrakirti selbst das Wort »intrinsisch« hinzu, um sich absolut unmissverständlich auszudrücken, in einer Vielzahl von Passagen jedoch lassen Nagarjuna und Chandrakirti diese Art klärender, qualifizierender Beiwörter aus. Tsong-kha-pa hingegen ist sehr sorgsam im Umgang mit qualifizierenden Beiwörtern und er geht so weit, ihre Wichtigkeit einzuklagen. Er zitiert Mahayana-Sutras, um den Nachweis zu erbringen, dass der Buddha selbst sagte, diese klärenden Beiwörter seien stets implizit – selbst dort, wo sie nicht explizit genannt werden. Beispielsweise sagt der Buddha im *Sutra über den Abstieg nach Lanka*: »Mahamati, während ich dachte, dass sie nicht intrinsisch hervorgebracht werden, sagte ich, dass alle Phänomene nicht hervorgebracht werden.«

Geschicktes Lehren

Tsong-kha-pa war die Widerlegung nihilistischer Madhyamaka-Fehlauslegungen, wie sie in Tibet gebräuchlich geworden waren, ein ernstes Anliegen. Den ursprünglichen Madhyamaka-Autoren war dagegen wesentlich mehr daran gelegen, die realistischen und essenzialistischen Philosophien ihrer buddhistischen und nicht buddhistischen Zeitgenossen zu widerlegen. Diese Realisten sahen es als gegeben an, dass »Hervorbringung« oder »Existenz« notwendig auf etwas verweist, das über irgendeine analytisch lokalisierbare Natur verfügt. Wenn Nagarjuna »Hervorbringung« widerlegt, widerlegt er die Art von Hervorbringung, die viele seiner Leser – andere Philosophen – propagierten. Ihnen wäre der

Gebrauch von Formulierungen wie »Hervorbringung von mit intrinsischer Natur versehenen Dingen« oder »wahrhaft existierende Hervorbringung« überflüssig erschienen.

Größtenteils entsprechen die in Nagarjunas Leserkreis verbreiteten realistischen Philosophien unseren angeborenen Tendenzen zu verdinglichen, die den Dingen zukommende Existenzweise zu übertreiben. Aus diesem Grunde hat Nagarjunas Schreibstil für uns heute große Kraft. Er geht entschlossen gegen unsere tiefe Neigung vor, den falschen Anschein zu akzeptieren, die Dinge, die wir sehen, seien mit ihren eigenen objektiven Naturen ausgestattet.

Auf der anderen Seite gibt es in unserer heutigen Welt eine gehörige Portion nihilistischer Philosophien. Viele von uns müssen – wie etliche von Tsong-kha-pas Zeitgenossen – daran erinnert werden, wie es angesichts gänzlicher Leerheit möglich, vernünftig und notwendig ist, moralische Entscheidungen zu treffen. »In Abhängigkeit von diesem entsteht jenes« bedeutet, dass unsere Entscheidungen, obgleich nichts in und aus sich selbst heraus existiert, von enormer Tragweite sind, da sie die Zukunft der Welt gestalten.

Kernaussagen Kapitel 5

Unsere Sinne irren hinsichtlich der Seinsweise der Dinge. Die Dinge erscheinen ihnen als essenziell wirklich, als objektiv und unabhängig gegeben, während das in der Tat nicht der Fall ist.

Und doch stellen unsere Sinne verlässliche Wissensquellen darüber dar, welche Dinge existieren, vorausgesetzt sie werden nicht durch Echos, optische Täuschungen, Krankheit, Drogen etc. beeinträchtigt oder getrübt. Zwar erscheint ein Tisch irrtümlicherweise als intrinsisch wirklich, nichtsdestoweniger ist ein Tisch vorhanden, und wir wissen dies vermittels unserer Sinnesorgane.

Nichts existiert in der übertriebenen Weise, wie es unseren Sinnen irrtümlicherweise erscheint, nicht einmal konventionell.

Würde die Welt tatsächlich in der fest gefügten Weise existieren, in der sie unseren Sinnen erscheint, so müsste Hervorbringung aus Ursachen und Bedingungen implizit bedeuten, dass wirkliche Gegenstände von ihnen selbst, von etwas anderem, von beiden zugleich oder von keinem der beiden hervorgebracht werden. Keine dieser Alternativen funktioniert jedoch.

Hierdurch wird Hervorbringung aus Ursachen und Bedingungen nicht widerlegt. Auch das abhängige Entstehen wird hierdurch nicht widerlegt. Widerlegt wird die falsche Erscheinung von Hervorbringung etc. als etwas intrinsisch Wirklichem. Widerlegt wird also jene durch unsere Sinne vermittelte Existenzweise, die wir aus Gewohnheit für zutreffend halten.

Unerbittlich greift Nagarjuna die verzerrte Sichtweise an, mit der die Unwissenheit die Dinge betrachtet. Tsong-kha-pa übernimmt Nagarjunas Auffassung voll und ganz. Den Anforderungen seiner Zeit entsprechend formuliert er sie jedoch um und betont dabei die Notwendigkeit, in die Leerheit einzudringen ohne dabei dem Nihilismus zu verfallen.

Kapitel 6

Endgültige Wirklichkeit existiert konventionell[8]

Abwesenheiten existieren und können wichtig sein

Wie wir gesehen haben ist Leerheit – die endgültige Wirklichkeit – das Fehlen von oder der Mangel an intrinsischer Natur. Dieser Mangel existiert. Leerheit existiert. Wenn wir daran denken, dass etwas existiert, so tun wir das normalerweise in Bezug auf etwas gegenwärtig Anwesendes; so sagen wir etwa: »In diesem Zimmer befindet sich ein Stuhl.« Abwesenheiten aber existieren ebenfalls und sind manchmal von großer Bedeutung. In meinen Kursen erwähne ich an dieser Stelle, dass im Seminarraum ein Mangel an Elefant existiert. Ohne diese Abwesenheit wäre mindestens ein Elefant vorhanden. Dies würde wahrscheinlich zu Problemen bei der Bewältigung des Lehrplans und des vorgesehenen Lernpensums führen. Somit ist die Abwesenheit des Elefanten eine existierende Bedingung, die recht wichtig für die reibungslose Fortsetzung des Kurses ist.

Nun scheint es, als gäbe es allenthalben eine endlose Zahl von solchen Abwesenheiten – da wäre die Abwesenheit des Planeten Mars im Fluss Potomac und so weiter und so fort. An jedem Ort existiert die Abwesenheit eines jeden Dinges, ausgenommen jener wenigen, die anwesend sind. Somit sind diese unendlichen Abwesenheiten zwar notwendig für das Funktionieren der Welt, in anderer Hinsicht jedoch trivial. Wir könnten uns an die Arbeit machen, um sie zu katalogisieren – würden aber niemals zum Ende kommen, und es ist schließlich auch nicht anzunehmen, dass wir im Verlauf der Katalogisierungsbemühungen an Weisheit und Freundlichkeit gewönnen. Wann wären sie denn jemals von Bedeutung?

Nehmen wir einmal an, um das Beispiel vom Elefanten noch einmal aufzunehmen, ein Student leide an der Wahnvorstellung, es sei ein Elefant im Seminarraum. Seine emotionalen Reaktionen, sein Verhalten dem imaginierten Elefanten gegenüber – sei es Angst, sei es Neugierde oder Gier (Elefanten sind wertvoll) – wird für ihn und für die übrigen Kursteilnehmer wenig hilfreich sein. Nun plötzlich ist die Existenz einer speziellen Abwesenheit, nämlich der Abwesenheit eines Elefanten im Seminarraum, von größter Wichtigkeit. Wir müssen uns ernsthaft mit der Frage befassen, wie man ihm helfen könnte, indem man die Abwesenheit eines Elefanten beweist, eine Abwesenheit, die für uns offensichtlich ist, nicht aber für ihn.

In mancherlei Hinsicht verhält es sich so im Falle der intrinsischen Natur, die alle Dinge mit einer objektiven Wirklichkeit zu versehen scheint. Diese intrinsische Natur existiert überhaupt nicht. Sie ist überall abwesend, aber das allein erklärt noch nicht, warum sie wichtig sein soll. Hasenhörner und Froschmähnen sind ebenfalls allenthalben abwesend. Überlegungen dieser Art kommen überhaupt erst dann auf, wenn jemand tatsächlich an eines dieser Dinge glaubt und deshalb in Schwierigkeiten gerät. Im Falle der intrinsischen Natur vertritt Tsong-kha-pa die Ansicht, wir hätten uns seit anfanglosen Wiedergeburten an die verblendete Ansicht gewöhnt, die Dinge wiesen diese nicht existente Eigenschaft auf. Es handelt sich um eine tief verwurzelte Abhängigkeit, und auf der Grundlage dieser suchtartigen Verblendung leiden wir unermessliche Qualen. Aus diesem Grunde ist die Leerheit – Abwesenheit intrinsischer Natur – das Wichtigste, das wir je begreifen könnten. Die Existenz dieser besonderen Abwesenheit ist von außerordentlicher Bedeutsamkeit für uns alle.

Endgültige Wirklichkeit existiert konventionell

Jene Leerheit, die in der bloßen Abwesenheit intrinsischer Natur besteht, unterscheidet sich noch auf andere Weise von der Leerheit, die sich auf die Abwesenheit eines Elefanten im Seminarraum bezieht, und ist wichtiger als diese. Leerheit von intrinsischer Natur ist die endgültige Wirklichkeit. Leerheit von intrinsischer Natur ist die endgültige Natur des Tisches. Leerheit ist die endgültige Natur der Tasse. Leerheit ist nicht bloß eine weitere Abwesenheit, wie die Abwesenheit des Planeten Mars in meinem Seminarraum. Es ist die endgültige Natur von jedem und allem, was existiert. Wenn nämlich ein analytisches Bewusstsein fragt, »Was ist ein Tisch wirklich?«, und tief danach sucht, gelingt es ihm nicht, einen Wesenskern, eine Seinsessenz in dem Tisch aufzufinden. Das Bewusstsein, das dieses Fehlen einer Essenz erkennt oder davon weiß, wird »endgültiges Bewusstsein« genannt, ein Bewusstsein, das bis zum Grund der Dinge vordringt. Das Fehlen intrinsischer Natur, welches ein solches Bewusstsein erkennt, ist die tiefe Leerheit, die endgültige Wahrheit.

Weil sie die letztendliche Natur alles Existenten darstellt, ist jene Leerheit, die völlige Abwesenheit intrinsischer Natur, die endgültige Wirklichkeit. Zwar ist diese Wirklichkeit ausgesprochen wichtig – weil wir alle durch Anhaften an der intrinsischen Natur unermesslich leiden –, doch ist sie nichts Seltenes und Wertvolles, nach dem wir in weiter Ferne suchen müssen. Diese endgültige Wirklichkeit ist immer unmittelbar anwesend als die letztendliche Natur eines jeden Dings in jedem Moment. Äußerst selten und äußerst kostbar hingegen ist das Weisheitsbewusstsein, das diese Wirklichkeit versteht.[9]

Da Leerheit existiert und die endgültige Wahrheit darstellt, könnten Sie vielleicht annehmen, die Leerheit selbst existiere in einem endgültigen Sinne. Dies aber trifft nicht zu. Alles, was existiert, existiert nur konventionell. Alles, was existiert, ist in den beiden Wahrheiten, der endgültigen Wahrheit (Leerheit) und der konventionellen Wahrheit (allem Übrigen) enthalten. Doch existieren diese beiden Wahrheiten nur konventionell. Um endgültig zu existieren, müsste ein Ding der Analyse standhalten, mit der ein endgültiges Bewusstsein nach der letztendlichen Grundlage seines Seins sucht. Wenn das Bewusstsein endgültiger Analyse eine Tasse betrachtet, findet es lediglich die Leerheit der Tasse vor. Betrachtet es die Leerheit, findet es kein essenziell wirkliches Ding namens Leerheit auf dem Grund von allem. Wie alle anderen Dinge ist die Leerheit leer von intrinsischer Natur.

Dies ist ein tiefsinniger Punkt im Madhyamaka-Buddhismus. Es ist eben nicht der Fall, dass alles Übrige unwirklich ist, vergleicht man es mit dem einen wirklichen Ding, das in und aus sich selbst heraus existiert. Andere Philosophien lehren dies. Im Madhyamaka aber gibt es nur eine Existenzebene, nur eine Existenzweise: konventionelle Existenz. Ein spezielles konventionell existierendes Phänomen – Leerheit – ist die völlige Abwesenheit einer anderen Ebene oder Weise des Existierens. Unter all den konventionell existierenden Dingen heißt jenes Fehlen von Selbst-Existenz, jenes Nicht-in-und-aus-sich-selbst-heraus-Existieren, das die Dinge kennzeichnet, »endgültige Wahrheit« – weil es die Wahrheit ist, die von einem Geist erkannt wird, der analysiert, wie die Dinge endgültig existieren.

Keine Ansicht vertreten

Wenn ein Bewusstsein in endgültiger Analyse feststellt, dass es in den Dingen keine »Essenz« gibt, wird dieses Fehlen einer Essenz hierdurch nicht als eine neue Form der Essenz bestätigt. Haben wir erst einmal ein gewisses Verständnis der Leerheit erlangt, müssen wir also der Versuchung widerstehen, die Leerheit ihrerseits zu verdinglichen. In seiner *Grundlegenden Abhandlung* warnt uns Nagarjuna hiervor:

Der Siegreiche sagte, Leerheit vernichte
Alle dogmatischen Ansichten mit der Wurzel;
Jene aber, die eine dogmatische Sicht der Leerheit vertreten,
Erklärte er für unheilbar.

Einige tibetische und westliche Interpreten der Madhyamaka-Tradition haben dies so aufgefasst, als bedeute Madhyamaka eine radikale Form des Skeptizismus, dem gemäß die richtige Sicht (oder Ansicht) darin bestünde, keine Sicht zu vertreten. Dieser Auslegung zufolge ist jede Art philosophischer Anschauung oder Position eine dogmatische Sicht, die durch die Erkenntnis der Leerheit entkräftet werden kann. Sogar die Auffassung, dass die Dinge leer von intrinsischer Natur sind, würde dann, so scheint es, zu einer dogmatischen Sicht.

Damit ist Tsong-kha-pa nicht einverstanden: »Es ist keine dogmatische Sicht der Leerheit, wenn man die Auffassung vertritt, die Dinge seien leer von intrinsischer Natur.« Die Auffassung, dass die Dinge leer von intrinsischer Natur sind, ist die korrekte Sichtweise. Sie ist die seltene und kostbare Einsicht, die es uns ermöglicht, frei zu werden. Eine dogmatische Auffassung der Leerheit wäre vielmehr ein Verständnis, das die Leerheit selbst verdinglicht und nicht zu erkennen vermag, dass sogar die Leerheit leer von jeglicher intrinsischen Natur ist. Eine dogmatische Sicht der Leerheit einnehmen heißt, Leerheit für wirklich existierend zu halten, sie als etwas Besonderes anzusehen, das in und aus sich selbst heraus existiert.

Wie kommt es, dass so viele, anders als Tsong-kha-pa, darauf bestehen, Madhyamaka sei als eine Form des Skeptizismus anzusehen, in dem sämtliche Ansichten als schlecht verstanden würden? Ein Grund hierfür ist in missverständlichen Übersetzungen zu suchen.[10] Sicht (*lta ba*) wird im Tibetischen gebraucht, um zwei äußerst unterschiedliche Wörter der Sanskritsprache wiederzugeben, nämlich *drshti* und *darshana*. *Drshti* bedeutet »dogmatische Sicht«, »spekulative Sicht«, »falsche Sicht« oder »extreme Meinung«. Für gewöhnlich hat dieses Wort eine negative Konnotation. *Darshana* hingegen bedeutet schlichtweg »philosophische Anschauung«. Nagarjuna schreibt, dass alle *drshti* – und nicht alle *darshana* – durch die Leerheit von der Wurzel her getilgt würden. Wir brauchen eine philosophische Anschauung der Leerheit (*shunyata-darshana*), die keine dogmatische Sicht (*drshti*) ist. Wir brauchen ein Verständnis der Leerheit, das sie nicht verdinglicht. Wir brauchen ein Verständnis der endgültigen Wirklichkeit, das in Betracht zieht, dass sogar die endgültige Wirklichkeit bloß konventionell existiert.

Eine weitere Quelle der »Keine Sichtweisen«-Auslegung des Madhyamaka stellt ein Abschnitt dar, in dem Nagarjuna die Positionen (1) Existenz, (2) Nichtexistenz, (3) sowohl Existenz als auch Nichtexistenz und (4) weder Existenz noch Nichtexistenz widerlegt. Diese besondere viergliedrige Darlegung wird bisweilen als *Tetralemma* bezeichnet. Einige Tibeter behaupten, die Widerlegung aller vier Glieder des Tetralemmas bedeute, dass die Vernunft alles widerlege. Der Kern dieses Arguments ist: Es gibt keine Sicht oder Position in Bezug auf die Dinge, die ein Madhyamika annehmen, einnehmen oder als die seine verteidigen könnte.

Es wird Sie nicht überraschen, dass Tsong-kha-pa diese Auslegung nicht befürwortet. Er erklärt, dass jede vernünftige Interpretation der Widerlegung mithilfe des Tetralemmas anerkennen muss, dass es eine implizite Einschränkung gibt. Er sagt, es sei wider die Vernunft zu behaupten, man könne, bezogen auf dasselbe Subjekt, uneingeschränkt sowohl Existenz also auch Nichtexistenz widerlegen – mit der gleichen Bedeutung und ohne jegliche erklärenden Zusätze bzw. Einschränkungen. Dies sei ein Widerspruch. Und nähme man zudem an, Existenz und Nichtexistenz würden beide widerlegt, wie ließe sich dann zugleich auch noch die vierte Position widerlegen, der gemäß die Dinge weder existieren noch nicht existieren? Sowohl Existenz als auch Nichtexistenz zu widerlegen sei schließlich dasselbe wie zu behaupten, dass die Dinge weder existieren noch nicht existieren. Tsong-kha-pa beharrt darauf, dass es aussichtslos sei, mit jemandem zu diskutieren, der stur auf Dingen beharrt, die augenscheinlich in sich selbst widersprüchlich sind.

Intrinsisch wirkliche Dinge existieren überhaupt nicht, nicht einmal konventionell. Auf der anderen Seite existieren bloße Dinge, insofern sie konventionell existieren. Es gibt nichts, was endgültig existiert, weil, wie oben dargelegt, nichts vernunftgeleiteter Analyse, die sich auf die Suche nach dem letztendlichen Wesen begibt, standhalten kann. Von der Sicht des Madhyamaka, dem Mittleren Weg, heißt es, sie »vermeide die Extreme der Existenz und der Nichtexistenz«, dies aber bedeutet nicht, dass Tsong-kha-pa buchstäblich die Existenz und die Nichtexistenz der Dinge widerlegt. Er widerlegt jede Idee, nach der die Dinge so existieren, wie sie uns jetzt erscheinen, als objektiv wirklich und auf natürliche Weise fest gefügt. Wechselseitig abhängig, konventionell aber existieren sie. Er widerlegt jede Idee, nach der Tische und Stühle ganz und gar nicht existent sind. Doch er akzeptiert die vollkommene Nichtexistenz intrinsisch wirklicher Dinge.

Argumente in der Form eines Tetralemmas treten in Nagarjunas Werk an einigen Stellen in Erscheinung; und Tsong-kha-pa weist darauf hin, dass man in jedem dieser Fälle Sorgfalt bei der Entschlüsselung der Bedeutung walten lassen sollte. Sind die Dinge, auf die sich die Widerlegung mittels Tetralemma bezieht, »wirkliche Dinge«, also intrinsisch existierende Dinge? Oder sind sie bloße Dinge, also konventionell existent? Jemand, der Tsong-kha-pa folgt, könnte die Widerlegung mittels Tetralemma auf die folgende Weise lesen: Wir widerlegen die verdinglichende Sicht, dass Dinge endgültig existieren; wir widerlegen die nihilistische Sicht, dass Dinge nicht einmal konventionell existieren; wir widerlegen, dass Dinge im gleichen Sinne existieren und nicht existieren; wir widerlegen, dass Dinge im gleichen Sinne weder existieren noch nicht existieren.

Oder wir könnten sagen: Wir widerlegen die Auffassung, nach der die Dinge inhärent existent sind. Wir widerlegen die Auffassung, nach der die Dinge inhärent nicht existent sind. Wir widerlegen die Auffassung, nach der die Dinge inhärent sowohl existent als auch nicht existent sind. Wir widerlegen die Auffassung, nach der die Dinge inhärent weder existent noch nicht existent sind. Sein oder Nichtsein ist nicht in der Essenz der Dinge angelegt, denn die Dinge verfügen über keine eigene essenzielle Natur. Sie sind abhängig Entstehende.

Die letztendliche Natur der Dinge

Tsong-kha-pa gebraucht das Wort »Natur« (*rang bzhin*) in mehreren verschiedenen Bedeutungen. An einigen Stellen bezieht es sich auf die gewöhnlichen Qualitäten der Dinge, etwa die Hitze des Feuers, die es unserer konventionellen Weisheit erlauben, ein Ding von einem anderen zu unterscheiden. Sehr häufig aber verweist der Terminus stattdessen auf eine intrinsisch existierende Natur, eine ursprünglich existierende Essenz, kraft derer die Dinge in und aus sich heraus imstande sind zu existieren, aus eigenem Vermögen. Das ist das Objekt der Negation. De facto existiert eine solche Natur überhaupt nicht und indem wir sie aus Unwissenheit in der Vorstellung erschaffen, sind wir an den leidvollen Kreislauf gefesselt. Und schließlich bezieht sich »Natur« in einer dritten Verwendungsweise bisweilen auf die letztendliche oder endgültige Natur aller Dinge, auf Leerheit. In diesem Sinne existiert die (letztendliche) Natur überall, immer, in Form der völligen Abwesenheit intrinsischer Natur. Somit bedeutet das einzelne Wort »Natur« (*rang bzhin*) abhängig vom Kontext, in dem es erscheint, (1) konventionell existierende Qualitäten (wie die Hitze des Feuers), (2) die objektive Existenz einer Sache kraft ihrer eigenen Essenz oder Natur (intrinsisches Sein), oder (3) die letztendliche und endgültige Wirklichkeit (Leerheit).

In Nagarjunas *Grundlegender Abhandlung* heißt es: »Eine Natur ist etwas, das nicht hergestellt wurde und nicht von etwas anderem abhängt.« Dies wirft die Frage auf, ob Nagarjuna sich an dieser Stelle auf intrinsische Natur (die überhaupt nicht existiert) oder auf die endgültige Natur bzw. endgültige Wirklichkeit, die Abwesenheit intrinsischer Natur, bezieht. Chandrakirtis Erklärung zufolge ist Letzteres korrekt. Er schreibt:

> Gibt es eine Natur, die so beschaffen ist, wie es Meister Nagarjuna behauptet? Ja, es ist eben jene »Wirklichkeit«, über welche der Bhagavan [Buddha] ausführlich sprach, als er sagte: »Ob Tathagatas [d. h. Buddhas] erscheinen oder nicht, die Wirklichkeit der Phänomene bleibt bestehen.« (…) Existiert sie oder nicht? Existierte sie nicht, zu welchem Zwecke würden Bodhisattvas dann den Pfad der Vollkommenheiten kultivieren? Warum würden Bodhisattvas sich hundertfachen Mühen unterziehen, um die Wirklichkeit zu erkennen?

Leerheit existiert. Sie ist keine Metapher oder etwas bloß Sinnbildliches. Als endgültige Natur der Wirklichkeit ist sie – so Nagarjunas Formulierung – »nicht hergestellt«. Tsong-kha-pa erklärt, dies bedeute, dass die Leerheit nicht hervorgebracht werde. Sie entsteht nicht zu einem bestimmten Zeitpunkt, ohne vorher existiert zu haben. Anders ausgedrückt: Dinge besaßen noch nie die Fähigkeit, in und aus sich selbst zu existieren. Seit eh und je war ihnen diese Leerheit als ihre grundlegende Natur zu eigen. Nagarjuna führt weiterhin aus, die Natur der Wirklichkeit hänge nicht von etwas anderem ab, von einem anderen Ding oder einer Bedingung. Tsong-kha-pa zufolge meint Nagarjuna damit lediglich, dass die Leerheit als Natur der Dinge nicht in Abhängigkeit von bestimmten Ursachen entsteht oder nicht entsteht. Buddhas mögen erscheinen oder nicht – das heißt, ihr Erscheinen ist in irgendeiner Weise von einigen Bedingungen abhängig. Dies aber trifft auf die Wirklichkeit selbst nicht zu. Die Natur der Wirklichkeit ist, dass Dinge notwendigerweise leer, immer leer, vollkommen leer von intrinsischem Sein sind.

Die Idee, dass Leerheit als letztendliche Natur der Wirklichkeit »nicht von etwas anderem abhängt« scheint zu implizieren, dass Leerheit das einzige existierende Phänomen ist, welches in und aus sich selbst heraus existiert. Allem Übrigen fehlt es an intrinsischer Natur; wenn aber Leerheit existiert, ohne von Ursachen und Bedingungen abzuhängen, heißt dies dann nicht, dass sie unabhängig existiert? Folgt daraus nicht, dass sie aus ihrer eigenen intrinsischen Kraft heraus existiert?

Tsong-kha-pa weist dies nachdrücklich zurück und betont, dass »sogar die Wirklichkeit, die endgültige Wahrheit, keinerlei intrinsische Natur aufweist.« Er zitiert Chandrakirtis Aussage, dass diese letztendliche Natur weder essenziell existent noch essenziell nicht existent sei. Vielmehr »existiert sie konventionell«. Ohne Leerheit wäre der buddhistische Pfad sinnlos, da es keine befreiende Einsicht gäbe. Existierte die Leerheit andererseits essenziell, so sollten wir – wenn wir die Leerheit selbst zum Gegenstand unserer Untersuchung machen – herausfinden, dass sie selbst als ihre eigene essenzielle Natur existiert. Stattdessen zeigt sich, dass die Leerheit selbst, wie alle anderen Phänomene, leer von jeglicher intrinsischen oder essenziellen Natur ist.

Obwohl Leerheit – als die endgültige Natur – nicht von Ursachen und Bedingungen abhängt, so existiert sie gleichwohl nur in gegenseitiger Abhängigkeit mit anderen Phänomenen. Für Tsong-kha-pa hängt Leerheit – wie alle anderen Phänomene – von dem Geist ab, der sie erkennt und weiß: »Leerheit existiert.« Tsong-kha-pa beschreibt, wie uns die Leerheit, wenn wir sie zuerst zu verstehen beginnen, als ein Attribut anderer Phänomene erscheint. Durch Schlussfolgerung gelangen wir zu der Einsicht: »Dieser Tisch ist leer von intrinsischer Natur.« Zwar ist dies ein starkes und definitives Wissen, doch wird die Leerheit hier mittels einer begrifflichen Vorstellung erkannt. Noch gelangen wir nicht direkt zur endgültigen Wahrheit, zur Leerheit selbst. Später auf dem Pfad macht sich der Bodhisattva durch Meditation, die Analyse mit ruhig verweilender, einspitziger Konzentration verbindet, sehr tief mit der

Leerheit vertraut. Dies kulminiert in der tiefgründigen Erfahrung direkter, nicht dualistischer geistiger Wahrnehmung der Leerheit. Diesem endgültigen Geist, der vollkommen im Frequenzbereich von Kanal B (Radio Leerheit) verweilt, erscheinen überhaupt keine konventionellen Phänomene mehr. Tsong-kha-pa bezeichnet dies als eigentliche endgültige Wahrheit. Bodhisattvas denken also zu diesem Zeitpunkt nicht: »Ich erkenne die Leerheit«, oder »Oh, die Leerheit existiert tatsächlich«. *Nur* Leerheit erscheint.

Tsong-kha-pa argumentiert, dass die Leerheit also nur aus der Perspektive irgendeines anderen Bewusstseins, eines konventionellen Bewusstseins als die wirkliche Natur eines Tisches – oder selbst nur als etwas Existierendes – erkannt werden kann. Einzig und allein ein konventionelles Bewusstsein, das unmittelbar auf die Erfahrung endgültiger Erkenntnis folgt, kann auf die tiefe Erfahrung der Leerheit zurückblicken und wissen: »Leerheit existiert; Leerheit ist die letztendliche Wahrheit.« Dass Leerheit existiert, kann somit nur durch ein konventionelles Bewusstsein festgestellt werden, und zwar nur durch ein sehr außergewöhnliches.

Leerheit von anderem

Tsong-kha-pa ist es wichtig, eine spezielle These hinsichtlich der endgültigen Wahrheit zu widerlegen, eine mit der »Leerheit-von-anderem«-Lehre verbundene Vorstellung, die durch Sherab Gyaltsen (1292-1361) in Tibet Verbreitung gefunden hatte. Nach Tsong-kha-pas Darstellung in der *Großen Abhandlung* wird hier postuliert, das Absolute existiere aus eigener Kraft, in und aus sich selbst. Zwar sei diese tiefe und letztendliche Wirklichkeit leer, jedoch nicht leer von ihrer Eigennatur, sondern leer im Sinne der Leerheit von anderen – konventionellen – Dingen. Tsong-kha-pa beschreibt diese Ansicht folgendermaßen:

> Sie akzeptieren die Notwendigkeit, die Selbst-Vorstellung aufzulösen, die Wurzel, die alle Wesen an den Daseinskreislauf fesselt. Dann behaupten sie jedoch, man würde die Vorstellung von einem Selbst nicht auflösen, indem man erkennt, dass sich in dem als Selbst Wahrgenommenen keine intrinsische Existenz finden lässt, sondern indem man ein anderes, hiermit nicht in Beziehung stehendes Phänomen als wahrhaftig existent erkenne.

Obwohl Sherab Gyaltsen eine große Zahl von Sutras und Tantras zur Unterstützung dieser Lehre zitiert, greift Tsong-kha-pa die Leerheit-von-anderem-Sicht an, indem er sagt, sie bewege sich außerhalb des Geltungsbereichs buddhistischer Schriften.

Um seinen Eindruck von der Absurdität dieser Ansicht zu vermitteln, führt Tsong-kha-pa eine Analogie an:

> Angenommen im Osten befände sich keine Schlange, jemand aber glaubt, sie befände sich doch dort, und fürchtet sich. Ihr sagt dieser verzweifelten Person: »Du kannst deine Vorstellung, es gebe im Osten eine Schlange, nicht entkräften, indem du denkst: ›Im Osten ist ja überhaupt keine Schlange.‹ Vielmehr solltest du denken: ›Im Westen ist ein Baum.‹ Dadurch wird deine Idee, dort sei eine Schlange, beseitigt und dein Leiden beendet.«

Der »Baum im Westen« steht für die endgültige Wirklichkeit, so wie sie die Leerheit-von-anderem-Lehre versteht. Tsong-kha-pas Auffassung zufolge lenkt uns Meditation hierüber schlichtweg von unserem eigentlichen Problem ab – jener Giftschlange der Verdinglichung unserer selbst und der gewöhnlichen Dinge, die uns umgeben –, ohne sich ihm auch nur im Geringsten zu stellen. Wir müssen uns, so Tsong-kha-pa, des Verstandes bedienen, um die Art und Weise anzugreifen und auszumerzen, mit der Unwissenheit Dinge als intrinsisch real auffasst. Eben diese Unwissenheit hält uns und andere Wesen in leidvollen Kreisläufen gefangen. Und wie könnte uns das Meditieren über irgendetwas anderes, das hiermit nicht in Verbindung steht, denn helfen? Also erteilt er uns den Rat, uns von dieser Form der Lehre abzuwenden.

Ob wir Tsong-kha-pas scharfen Kommentaren zur Leerheit-von-anderem-Lehre, so wie er sie versteht, nun zustimmen oder nicht, zumindest vermögen wir zu erkennen, wie sie auf natürliche Weise aus seiner Hingabe an sein Kernthema erwachsen. Wir sollten sorgfältig darum bemüht sein, die Art und Weise, in der unser Geist die Realität unserer selbst und anderer Dinge übertreibt, exakt zu identifizieren. Indem wir uns auf die Schriften Nagarjunas verlassen, müssen wir dann diese Verzerrungen sorgfältig widerlegen und uns selbst dabei den Beweis liefern, dass die Dinge nicht so existieren, wie wir sie wahrnehmen und sie uns vorstellen. Tsong-kha-pa zufolge gibt es keinen anderen Pfad zur Befreiung. Einzig durch einen Prozess der Analyse und der anschließenden Verwirklichung dessen, was wir herausgefunden haben, werden wir frei. Nie werden wir einer absoluten Wahrheit oder mystischen Erfahrung begegnen, die uns von der Notwendigkeit entbindet, diese Aufgabe zu erledigen.

Kernaussagen Kapitel 6

Die Leerheit existiert. Leerheit ist ein völliger Mangel oder eine Abwesenheit, die Abwesenheit intrinsischer Natur. Unvorstellbar großer Schaden entsteht aus der falschen Vorstellung, intrinsische Natur existiere; deshalb ist das Wissen um die gänzliche Abwesenheit einer solchen Natur von äußerster Wichtigkeit.

Leerheit ist auch die endgültige Wirklichkeit. Wenn wir an etwas die Frage richten: »Was ist es wirklich?«, dann gelangen wir am Ende unserer Suche zum Verständnis seiner Leerheit.

Endgültige Weisheit erkennt die Leerheit, doch existiert Leerheit nur konventionell. Wenn wir nach der essenziellen Natur der Leerheit fragen, so gelangen wir zu der Einsicht, dass sie selbst leer ist von jeglicher Natur, nach der wir greifen könnten. Nagarjunas Lehre, derzufolge wir keine dogmatische Auffassung über die Leerheit vertreten sollten, bedeutet, dass die Leerheit nicht als intrinsisch wirklich anzusehen ist.

Das Wort »Natur« kann verweisen auf (1) die konventionelle Natur eines Phänomens, beispielsweise die Hitze des Feuers, (2) die essenzielle Natur der Dinge, wie sie ihnen von der Unwissenheit zugeschrieben wird, oder (3) die endgültige Natur der Dinge als ihre Leerheit. Nagarjunas Kommentar, »Natur« beziehe sich auf etwas, das nicht hergestellt wurde und nicht von etwas anderem abhängt, wird von Chandrakirti so verstanden, dass es sich auf die endgültige Natur bezieht. Es ist nicht möglich, dass die Dinge nicht leer sind – sie werden nicht zu einem bestimmten Zeitpunkt leer, sondern sind notwendigerweise und immer leer.

Die Leerheit hängt somit nicht von Ursachen und Bedingungen ab; nichtsdestotrotz existiert sie bloß konventionell, als etwas abhängig Entstehendes. Die Aussage, Leerheit existiere, setzt ein

Bewusstsein voraus, das von der Leerheit weiß und sie durch die Feststellung »Leerheit existiert« als existent kennzeichnet.

Tsong-kha-pa kritisiert die »Leerheit-von-anderem«-Ansichten, denen zufolge man die Befreiung durch Meditation über eine wirkliche endgültige Wirklichkeit erlange, die zwar von konventionellen Dingen, nicht hingegen von ihrer eigenen Selbstnatur leer sei. Denn einzig kraft der Erkenntnis, dass alles Existierende jeglicher wirklichen oder intrinsischen Natur entbehrt, vermag man die Befreiung zu erlangen.

Kapitel 7

Intrinsische Natur[11]

Nicht genug negieren

Wenn wir Madhyamikas den Verstand gebrauchen, um intrinsische Natur zu widerlegen, sagen wir – zu anderen und im Geist auch zu uns selbst – beispielsweise: »Wenn Schulgebäude aus ihrer intrinsischen Natur heraus existierten, dann würden sie nicht von Ursachen und Bedingungen abhängen.« Oder wir würden vielleicht sagen: »Wenn Schulgebäude aus ihrer intrinsischen Natur heraus existierten, dann würden sie sich nie verändern.« Dies sind gute Argumente gegen intrinsische Natur, da wir ohne Weiteres beobachten können, wie Dinge sich verändern und von Ursachen und Bedingungen abhängen. Und diese Beobachtungen widersprechen tatsächlich unserer Vorstellung, dass Dinge in sich selbst und von ihrer eigenen Seite her existieren.

Doch sollten wir daraus nicht schlussfolgern, dass Leerheit – das Fehlen von intrinsischer Existenz in den Dingen – schlicht und einfach bedeutet, die Dinge seien eben unbeständig oder hingen einfach von Ursachen ab. Die Vorstellung, die Dinge seien beständig und unwandelbar, ist eine gröbere Fehlannahme. Sie ist leichter anzugreifen als die Idee, dass die Dinge über ihre eigene intrinsische Natur verfügen. Von den leicht zu verstehenden Sachverhalten müssen wir uns langsam zum tiefsten und subtilsten Objekt der Negation vorarbeiten.

Um ein anderes Beispiel zu gebrauchen: Dinge hängen nicht bloß von ihren Ursachen ab, sondern gleichfalls von ihren Teilen.

Jedes Objekt, das wir wahrnehmen, kann geistig oder körperlich analysiert werden, in seine Komponenten zerlegt werden. Gebäude bestehen aus Ziegeln etc., Ziegel bestehen aus kleinen mineralischen Partikeln, jedes dieser Partikel besteht aus Milliarden von Molekülen, jedes dieser Moleküle besteht aus wesentlich kleineren atomaren Komponenten. Gelangen wir schließlich zu einem fundamentalen und nicht zerlegbaren Teilchen oder zu einer Menge von Teilchen, aus denen alles aufgebaut ist und die ihrerseits nicht weiter in irgendwelche Komponenten zerlegt werden können?

Einige buddhistische Philosophen des Hinayana sagen: »Ja, so verhält es sich.« Sie katalogisieren diese elementaren Teilchen und sehen sie alleine als endgültig wirklich, als nicht weiter zerlegbar an. Alles Übrige – Tische etc. – betrachten sie als konventionell, weil es sich dabei nur um Namen handelt, die wir auf zerlegbare Bestandteile, Zusammenballungen von Teilchen anwenden.

Zusammen mit anderen buddhistischen Philosophen des Mahayana widerlegen die Madhyamikas den Begriff eines Teilchens, das seinerseits nicht in weitere Teile zerlegbar ist. Solange ein Objekt überhaupt Raum einnimmt, können wir uns seine östliche und seine westliche Seite vorstellen. Diese beiden Seiten sind Teile, und somit ist das Teilchen – ganz gleich wie klein es auch sein mag – nicht unzerlegbar. Es ist ein etwas aus seinen Bestandteilen Zusammengesetztes. Nimmt aber das Teilchen überhaupt keinen Raum ein, wie könnte sich dann aus ihm ein zusammengesetzter Gegenstand wie ein Tisch konstruieren lassen? Und verfügten wir auch über Milliarden, über Billiarden solcher Teilchen, so könnten wir doch nie ein sichtbares und berührbares Objekt daraus bauen, solange jedes einzelne von ihnen keinen Raum einnimmt.

Ein anderes Argument, das Madhyamikas gegen intrinsische Natur vorbringen könnten, wäre: »Wenn Schulgebäude kraft ihrer eigenen intrinsischen Natur existierten, dann würden sie nicht von Teilen abhängen.« Es ist einfacher einzusehen, dass Gebäude von ihren Teilen abhängen, als ihre Leerheit zu erkennen! Und die Abhängigkeit von Teilen widerspricht gewiss der falschen Idee, etwas existiere in und aus sich selbst heraus. Doch nochmals: Schlicht zu wissen, dass etwas von Bestandteilen abhängt, ist nicht dasselbe wie die Erkenntnis der Leerheit.

Sehr klares Wissen darüber, dass Dinge sich verändern, von Ursachen und von Bestandteilen abhängen, ist wichtig. Ein solches Wissen schützt uns vor falschen Philosophien und untergräbt unsere Neigung, uns festzuklammern. Doch weit bedeutsamer ist die Tatsache, dass diese Einsichten uns in Richtung der tieferen befreienden Wahrheit führen, die sie implizieren: dass alle Dinge leer sind. Wir kommen nicht zur Welt mit irgendeiner Vorstellung von »unteilbaren Teilen« oder »unteilbaren Bausteinen«. Ebenso wenig kommen wir zur Welt mit der Vorstellung von einem durch nichts verursachten göttlichen Wesen, das die Existenz der Welt bewirkt hat. Diese Ideen werden im Zuge ihrer Vermittlung durch Kulturen erworben; sie sind nicht die Wurzelursache unseres Leidens im Daseinskreislauf. Sie sind lediglich Äste und Zweige, die gewachsen sind, genährt aus jener Wurzel. Kappen wir bloß einige der Äste, so werden neue nachwachsen.

In dieser Sache äußert sich Tsong-kha-pa sehr eloquent und nachdrücklich. Wenn all unser Reflektieren und Argumentieren darauf abzielt, kulturell erworbene falsche Vorstellungen, die mit dieser Religion oder jener Philosophie in Verbindung stehen, zu widerlegen, dann gelangen wir nicht bis hinab zu der grundlegenden, angeborenen Unwissenheit, der eigentlichen Grundlage unseres Leidens. Es wäre recht absurd, wollte man behaupten, jemand sei zur Erleuchtung erwacht, weil er in der Meditation erfahren habe, dass es keine Elementarteilchen oder keinen Schöpfergott gibt. Wir leiden aufgrund einer tief verwurzelten, bösartigen falschen Vorstellung, die alles beeinflusst – der Vorstellung, dass wir kraft unserer eigenen intrinsischen Naturen existieren. Wie Chirurgen müssen wir uns selbst operieren, indem wir von Vernunft und Meditation Gebrauch machen, um die tiefsten Ursachen unseres Elends zu entfernen.

Das tatsächliche Objekt der Negation

Dass Autos und Tische, Menschen und Schulen keine Spur analytisch auffindbarer Natur aufweisen, bedeutet nicht, dass sie nicht existieren. Offensichtlich existieren sie. Auf welche Weise aber können Dinge existieren, wenn sie von ihrer eigenen Seite her keinerlei Existenz vorweisen können? Wie wir gesehen haben, existieren Dinge als abhängig Entstehende, als Phänomene, die allein kraft der Verbindungen, die sie mit anderen (ebenfalls leeren) Phänomenen eingehen, bestehen.

Oft sprechen wir von abhängigem Entstehen, als würde damit in Kurzform lediglich zum Ausdruck gebracht, dass Wirkungen von Ursachen und Bedingungen abhängen. Abhängiges Entstehen beinhaltet aber überdies die Auffassung, dass das Ganze von seinen Teilen abhängt und alle Dinge davon abhängen, *dass sie von einem Bewusstsein benannt werden*. So entsteht Feuer beispielsweise in Abhängigkeit von Brennstoff als ursächlicher Bedingung. Aber was ist Brennstoff? Da ist etwas, was der Geist als brennbar identifiziert, und auf dieser Grundlage denkt er: »Hier ist Brennstoff.« Auch Autos sind materiell aus Autoteilen zusammengesetzt, Autoteile aber werden durch das Bewusstsein erkannt und benannt, und zwar unter Berücksichtigung ihrer Beziehung zu bereits vorhandenen oder potenziellen Autos. Im Madhyamaka beinhaltet der Begriff »abhängiges Entstehen« die Vorstellung, dass *alle* Dinge in Abhängigkeit von begrifflicher Bezeichnung existieren. Um zu einer Wertschätzung von Tsong-kha-pas Haltung der intrinsischen Natur gegenüber zu gelangen, müssen wir erkennen, dass diese Art des abhängigen Entstehens entscheidend ist. Sie gilt es zu ergründen, wollen wir genau verstehen, was mit »intrinsischer Natur«, dem tiefsten Objekt der Negation, gemeint ist.

Wenn wir sorgsam darum bemüht sind, weder zu viel noch zu wenig zu negieren, was genau widerlegen wir durch unser vernünftiges Nachsinnen über die Dinge dann schließlich? Tsong-kha-pa zufolge ist das eigentliche Objekt der Negation, *dass die Dinge aus sich selbst heraus existieren, ohne durch ein Bewusstsein benannt worden zu sein.* Dies ist es, was wir mit »Selbst« oder »intrinsischer Natur« meinen. Die völlige Abwesenheit hiervon ist Leerheit. Die Leerheit zu verstehen, bedeutet also im Grunde zu erkennen, dass die Dinge nicht getrennt von einem benennenden Bewusstsein existieren können.

Das ist schwer zu verstehen, und wir können sehen, dass wir die Welt für gewöhnlich keineswegs auf diese Weise wahrnehmen. Wenn ich dies lehre, fange ich an, indem ich einen großen Buchstaben A auf die Tafel schreibe. Ich frage die Studenten, was das ist, und sie antworten: »A«. Woher aber stammt seine Identität als ein A? Gründet sie im Kreidestaub? Hängt sie am Neigungsgrad des linken vertikalen Striches? Am rechten Strich? Am mittleren horizontalen Verbindungsbalken? Es ist klar, dass sich auf der dünnen Oberfläche der Tafel kein verborgener innerer Raum befindet, worin sich die intrinsische A-heit des A aufhalten könnte. Das A ist etwas, das wir selbst erschaffen; es ist eine stillschweigende Übereinkunft, an der wir teilhaben. Einer bestimmten Form schreiben wir »A«-Identität zu. Es handelt sich lediglich um eine Konvention.

Haben wir unsere Beteiligung erst einmal erkannt, ist es wichtig festzustellen, dass dieser Zuschreibungsprozess unausgesetzt und unbewusst abläuft. Wenn unser Blick zum ersten Mal, also bevor wir zu analysieren beginnen, auf die Tafel fällt, haben wir den starken Eindruck, dass wir etwas sehen, was sich dort draußen befindet und von seiner eigenen Seite her als A existiert. Es hat den Anschein, als strahle es die Botschaft seiner »A«-Identität klar und deutlich aus. Wir erleben uns als passive Empfänger, die sich auf ein Signal einstellen, das von der Tafel her in unsere Richtung gesendet wird.[12]

Dieser Eindruck verändert sich erst, wenn wir fragen: »Was ist ein A wirklich?« Wir finden heraus, dass dem A eine natürliche, unabhängige Identität – die von ihrer eigenen Seite her existiert, ohne jegliches Zutun von unserer Seite – gänzlich fehlt, dass es auf mysteriöse Weise aber trotzdem vollkommen funktionsfähig ist. Es funktioniert in Wörtern, es funktioniert, um das erste Glied einer Aufzählung zu markieren. Es erfüllt seine Aufgabe ganz vorzüglich, und das, obwohl sich in ihm keine Spur jener objektiven Existenz findet, die wir ihm unbewusst zuschreiben. Dies scheint mysteriös, ja beunruhigend, weil uns die Gewohnheit an die Idee fesselt, objektive und intrinsische Existenz sei für die Wirklichkeit und das Funktionieren der Dinge unabdingbar.

Ein weiteres Beispiel, das weitestgehend ähnlich funktioniert, ist das Geld. Ein Dollarschein, den ich aus meiner Tasche ziehe, sieht zunächst aus, als sei er, so recht objektiv und gänzlich unabhängig, ein wirklicher Dollarschein. Manche Leute haben sogar – bewusst oder unbewusst – das Gefühl, als würden wir uns endlich mit der grundlegenden Wirklichkeit der Welt beschäftigen, wenn wir über Geld reden. Wie der Buchstabe A sind Dollars – und das Papier oder die Münzen, die als Träger des Dollar-Wertes fungieren – eine auf Übereinkünften basierende Sache. Währungsmärkte spüren den stetig schwankenden Bedeutungen dieser Konventionen nach, denn es gibt in Dollars keinen natürlichen oder objektiven Wert. Trotzdem können wir sie ausgeben! Konventionelle Wirklichkeit funktioniert eben.[13]

Hier nun ein Beispiel, dessen sich Tsong-kha-pa bedient: Im Zwielicht sieht jemand ein Seil und hält es für eine Schlange. Lassen wir einmal alles beiseite, was wir aus der bzw. über die Perspektive der Person wissen könnten, welche die Schlange sieht und fragen stattdessen, wie die Schlange von sich aus ist. Dies ist absurd; wir können in die Diskussion der Eigenschaften der Schlange nicht einsteigen, da tatsächlich gar keine Schlange vorhanden ist. Was aber, wenn wir nun analog jegliches Interesse dafür, wie Personen, Autos und Tische gewöhnlichen, gültigen konventionellen Bewusstseinsarten erscheinen, beiseitelassen, und stattdessen fragen: »Wie existieren diese Dinge von ihrer eigenen Seite her? Wie sind sie in und aus sich selbst heraus?« Nichts ist rein objektiv, wir können nichts dort draußen festlegen oder aufzeigen, was vollkommen unabhängig vom Geist existiert.

Anders als die halluzinierte Schlange existieren diese Personen und diese Autos, doch sie existieren keineswegs von sich aus. Ihr Mangel an unabhängiger Existenz stellt sich allerdings unseren Sinnen nicht dar; vielmehr erscheinen sie, als bestünden sie dort draußen gänzlich aus sich selbst heraus. Die Verblendung an der Wurzel des Daseinskreislaufs beinhaltet eben diese Sichtweise der Dinge – insbesondere unserer selbst – als versehen mit einem objektiven und autonomen Wesen. Diese Verblendung betrachtet die Dinge so, als bestünden sie von ihrer eigenen Seite her, als verfügten sie über ihre eigene natürliche Seinsweise. Tsong-kha-pa sagt, dieser unwissende Geist »nimmt jedes Phänomen wahr, als besitze es seine eigene Seinsweise, die es gestatte, es aus sich selbst heraus, von sich selbst her zu verstehen, ohne dass es der Benennung durch ein konventionelles Bewusstsein bedürfe.«

Was auch immer wir wissen, worüber auch immer wir sprechen – es handelt sich immer schon um ein Ding »so wie es gewusst wird«, ein Ding wie es sich ein Bewusstsein vorstellt. Wir können nicht über Dinge sprechen oder zu Dingen vordringen, so wie sie in und aus sich selbst heraus sind, unabhängig von einem Bewusstsein, oder in einer Art und Weise, die jeglicher Konzeptualisierung logisch vorausginge. Für Tsong-kha-pa ist dies so, weil die Dinge keine Natur in und aus sich selbst heraus aufweisen, unabhängig vom Bewusstsein. Wenn wir die Analyse der Art und Weise, wie die Dinge unserem Geist erscheinen, einmal beiseitelassen, und versuchen, die Dinge so zu analysieren, wie sie in und aus sich selbst heraus existieren, sehen wir schon bald ein, dass es dort nichts gibt, worauf wir zeigen könnten. Und dies ist nicht einfach deshalb der Fall, weil wir nun einmal in einer Situation gefangen sind, die es uns nicht gestattet, aus unserer Haut herauszugehen und einen objektiven Blick auf die Angelegenheit, auf die Sache, um die es geht, zu werfen. Vielmehr liegt es daran, dass die Sache, um die es geht, das, was wir zu erkennen wünschen, in unserer Vorstellung bereits vorhanden ist; wir fragen ja bereits danach. Schieben wir die Beteiligung unseres Bewusstseins beiseite und fragen, wie die Dinge in und aus sich selbst heraus sind, so finden wir niemals auch nur die Spur von einem Ding-an-sich. *Diese* Erkenntnis, dass die Dinge auf solche Weise leer sind, ist das direkte Gegenteil der Art und Weise, wie die Unwissenheit die Dinge betrachtet.

Geist und die Welt

Für gewöhnlich nehmen wir an, dass die Welt schon fertig erzeugt ist, ganz und gar real, unabhängig von unserem Bewusstsein, und darauf wartet, vom Suchscheinwerfer unseres Bewusstseins entdeckt zu werden. Doch in Wirklichkeit wirkt unser Geist Moment für Moment an der Erschaffung der Welt mit.

Dies bedeutet *nicht*, dass halluzinierte Schlangen denselben Status innehaben wie Autos, Menschen und Tische. Schlangen, die man fälschlicherweise Seilen zuschreibt, existieren faktisch nicht, während Tische und Menschen existieren, weil sie eine gültige konventionelle Existenz haben. Diese Unterscheidung ist von großer Tragweite. Angenommen, ich empfände große Gier nach Gold. Und nun sähe ich vielleicht einen Regenbogen und es stiege in mir, der ich von dem Verlangen nach Gold beherrscht werde, der Gedanke auf: »Dort drüben werde ich einen Topf voller Gold finden.« Diese Situation ist ähnlich geartet wie die, in welcher man ein Seil sieht und aus Furcht glaubt, es sei eine Schlange. An den beiden Orten gibt es weder eine Schlange noch Gold. Aber es gibt ein Seil, es gibt einen Regenbogen. Diese Dinge existieren konventionell. Wir können sie mit einer angemessenen Zuschreibung versehen, indem wir sagen: »Hier ist es.« Sie funktionieren.

Auch anhand von Träumen können wir dies erklären. Die Objekte, die unserem Geist im Traum unter dem Einfluss des Schlafs erscheinen, können die Funktionen, mit denen sie ausgestattet zu sein scheinen, nicht ausüben. Das Wasser in einer geträumten Tasse kann nicht als solches fungieren, die Waffe in einem Traum schießt nicht mit tödlichen Kugeln. Wasser und Waffe im Traum können weder Durst löschen noch töten. Der Geist im Traumzustand, dem eine Waffe erscheint, ist durch Schlaf getrübt und kein konventionell gültiges Bewusstsein. In ähnlicher Weise erschaffe ich keinen zweiten Mond, wenn meine Augen schlecht sind und ich ohne Brille zwei Monde über der Erde schweben sehe. Oder wenn ich, im Fall des Buchstabens A, ohne meine Brille auf die Tafel schaue und es für ein N halte, so macht dies das A nicht zum N. Wenn andernfalls unser ungetrübter Sehsinn eine gewisse Form wahrnimmt, die als korrekte Bezeichnungsgrundlage funktioniert, dann entsteht in unserem Geist der Gedanke: »A«. Dies ist hinreichend; das ist alles, dessen es bedarf, damit der Buchstabe A seine Funktion in unserem Schriftsystem oder bei der Zuweisung einer ersten Position in einer Liste erfüllen kann.

Wir können also erkennen, dass diese Sichtweise – dass die Dinge vom Geist abhängen – die konventionelle Existenzweise nicht zerstört. Zugleich ist dies sicherlich nicht einfach nur eine weitere Art, über das zu reden, was wir sowieso schon längst wissen. Es lässt unseren gewöhnlichen Eindruck von der Welt keinesfalls unbeschadet. Um das Beispiel der Schlange aufzugreifen: Wenn eine Person ein Seil sieht und ihr dieses als Schlange erscheint, so steckt keine Schlange im Seil. Aber auch wenn dort tatsächlich eine Schlange ist und wir eine Schlange wahrnehmen, so ist die Schlange so wie wir sie wahrnehmen *vollkommen* abwesend. Sie ist genauso nicht existent wie die Seil-Schlange. Das ist tiefgründig und verdient einiges Nachdenken. Unserer Wahrnehmung nach ist die Schlange inhärent existent. Sie erscheint unserem Geist als etwas objektiv Wirkliches, das in und aus sich selbst heraus existiert. Eine solche Schlange existiert in diesem Moment überhaupt nicht – noch könnte sie jemals existieren. Wenn wir also spüren, dass Tsong-kha-pas eindringliches Bestehen auf die konventionelle Wirklichkeit uns zu stark in die Richtung zieht, die gewöhnliche Erscheinungsweise der Dinge zu affirmieren, dann können wir uns ins Gedächtnis rufen: Schlangen und Seile sind in gleicher Weise leer von der Art Schlange, die ich wahrnehme, an die ich glaube und die ich fürchte. Tische sind vollkommen leer von der Art Tisch, an die ich glaube. Menschen existieren, Menschen aber von der Art, wie ich sie mir gerade jetzt vorstelle, haben nie existiert und könnten nie existieren, nicht einmal ein kleines bisschen.

Im Unterschied zu anderen buddhistischen Systemen hält Tsong-kha-pas Prasangika-Madhyamaka-System an einer vollkommen funktionierenden Außenwelt fest – einer Welt, die außerhalb unseres Geistes existiert. Im selben Atemzug aber betont es, dass diese Außenwelt ganz und gar vom Bewusstsein abhängt. Wenn etwa ein Gott, ein Mensch und ein Geist eine mit Flüssigkeit angefüllte Schale erblicken, so sieht der Gott Nektar, der Mensch Wasser und der Geist eine Mischung aus Eiter und Blut. Jedes Wesen nimmt die Flüssigkeit in Übereinstimmung mit der Verfassung seiner jeweiligen Sinne und seinen geistigen Fähigkeiten korrekt wahr. Wir können nichts darüber aussagen, was sich *tatsächlich* in der Schale befindet, ohne die korrekte Wahrnehmung der verschiedenen Subjekte zu beachten. Während einige buddhistische Systeme dieses Beispiel benutzen, um nachzuweisen, dass es überhaupt keine äußeren Objekte gibt, vertreten Prasangika-Madhyamikas die Auffassung, dass Nektar, Wasser und Blut extern existieren, jedoch nur in Abhängigkeit von dem sie bezeichnenden Bewusstsein. All diese drei Flüssigkeiten können gleichzeitig präsent sein, unvermengt, in Beziehung zu unterschiedlichen, aber jeweils korrekten Perspektiven.

Wenn ich dies lehre, weise ich bisweilen auf die winzigen Spinnen hin, die in den Ecken des Raumes sitzen. Gemeinsam mit ihnen sind wir hier und jetzt anwesend. Sie und wir verfügen über einen gesunden Geist und gesunde Sinnesorgane. Unsere Wahrnehmungen der unmittelbaren Umwelt sind beide korrekt, und doch sind sie so radikal verschieden, dass wir uns gegenseitig nicht verstehen können. Wer von uns sieht, was wirklich da ist?

Oder denken Sie an einen Spaziergang mit einem Hund. Gemeinsam gehen wir die Straße entlang, doch die gültigen Wahrnehmungen des Hundes überschneiden sich nur teilweise mit meinen gültigen Wahrnehmungen. Wir Lebewesen bewohnen funktionierende Welten, die aus dem unbeeinträchtigten Wirken unserer jeweiligen Geistes- und Sinnesfähigkeiten entstehen; diese Welten liegen außerhalb unseres Geistes, sind aber nie von ihm unabhängig. So kommt es, dass sich unsere Erfahrungswelten auf eindrucksvolle Art und Weise, in unendlich komplexen Mustern kreuzen und überschneiden. All dies wäre vollkommen unmöglich, wenn jedes einzelne Ding tatsächlich objektiv existierte, für sich selbst dort draußen, kraft seiner unabhängigen und intrinsischen Natur.

Kernaussagen Kapitel 7

Die Unbeständigkeit der Dinge impliziert zwar ihr Leersein von Existenz kraft einer intrinsischen Natur, doch ist Unbeständigkeit nicht mit Leerheit gleichzusetzen. Widerlegen wir bloß die Idee der Beständigkeit, so haben wir nicht genug widerlegt, um bis zur Erkenntnis der Leerheit vordringen zu können.

Da sie leer sind, existieren alle Dinge nur als abhängig Entstehende. Zum Teil ist dies der Fall, weil sie nur in Abhängigkeit von begrifflicher Bezeichnung existieren. Diese besondere Bedeutung des abhängigen Entstehens ist im Madhyamaka sehr wichtig.

Jene Unwissenheit, die als Wurzelursache des Leidens gilt, stellt sich die Dinge so vor, als verfügten sie über ihre eigene Existenzweise, als hingen sie nicht davon ab, durch die Kraft eines Bewusstseins festgestellt zu werden. Eine derartige Existenzweise würde bedeuten, über intrinsische Natur zu verfügen.

Beispiele wie der Buchstabe A oder die konventionelle Natur des Geldes vermögen aufzuzeigen, wie es sein kann, dass die Dinge bloß konventionell existieren und dabei doch uneingeschränkt funktionieren können. Tsong-kha-pa vertritt die Auffassung, dass dies für alle Dinge gilt. Lassen wir einmal außer Acht, wie sie diesem oder jenem Bewusstsein erscheinen, und fragen wir uns, wie sie in sich und aus sich selbst heraus sind, so finden wir nichts, worauf sich verweisen ließe.

Die Dinge existieren in Abhängigkeit von Subjekt-Objekt-Beziehungen, doch folgt hieraus keinesfalls, dass alles, was unserer Phantasie und unserer Vorstellungskraft entspringt, deshalb real ist. Träume, eingeschränktes Sehvermögen etc. führen dazu, dass wir Dinge fälschlicherweise für existent halten, die überhaupt nicht existieren.

Unterschiedliche Wesen (Götter, Menschen, Geister, Tiere) mögen unterschiedliche, aber dennoch in gleichem Maße korrekte Wahrnehmungen dessen haben, was sich zu einem bestimmten Zeitpunkt an einem bestimmten Ort befindet. Dies ist möglich, weil die Dinge keine unabhängige, objektive Existenz aufweisen.

Kapitel 8

Die Zwei Arten von Madhyamaka[14]

Können Sie Ihren Augen trauen? Vermitteln Ihre Sinne Ihnen ein klares Bild der Welt, so wie sie ist? Manche meinen, unsere Sinne spiegelten die Welt wider, wir verlören aber den Bezug zur Wirklichkeit und litten, wenn wir verzerrte Vorstellungen von unseren Erfahrungen entwickeln und uns dann in die emotionalen Reaktionen auf diese Vorstellungen verstricken. Andere hingegen sind der Auffassung, und mit ihnen Tsong-kha-pa, das Problem sei noch tiefer gelagert. Unsere Sinne haben die Welt bereits falsch abgebildet, sogar bevor unser Denken sich dieser Bilder bedient, sogar bevor wir auf sie mit Zorn oder Verlangen reagieren.

Wie wir gesehen haben, tritt Tsong-kha-pa ständig für die Gültigkeit der Informationen ein, die uns unsere ungetrübten Sinne über konventionelle Dinge zutragen. Zugleich jedoch besteht er darauf, dass diese gültigen Sinnesbewusstseinsarten die Art und Weise, wie konventionelle Gegenstände existieren, falsch erfassen. Sie nehmen Dinge fälschlich so wahr, als besäßen diese ihre eigene intrinsische Natur. Die Dinge erscheinen ihnen so, als bestünden sie objektiv, unabhängig und von ihrer eigenen Seite her. Meistens – aber nicht immer – bejaht unser geistiges Bewusstsein aktiv diese falsche Erscheinung, übertreibt die Existenz der Dinge in der Art und Weise, wie es sie erfasst, so als ob sie in und aus sich selbst heraus existieren würden. Diese Art geistiger Verblendung ist die Wurzel unseres Leidens. Sie tritt dann besonders in den Vordergrund, wenn wir starke leidvolle Emotionen wie Neid, Eifersucht, Zorn, Hass und Stolz erfahren.

Eine zentrale Botschaft in Tsong-kha-pas Auseinandersetzung mit den zwei Arten von Madhyamaka ist die folgende: Konventionelle Sinneserfahrung vermittelt eine *gültige* Kenntnis ihres Objekts, nichtsdestotrotz ist sie *fehlerhaft* hinsichtlich der Existenzweise ihres Objekts. Alle Madhyamikas stimmen darin überein, dass intrinsische Natur zwar unseren Sinnen erscheint, in endgültiger Analyse jedoch nicht aufgefunden werden kann. Tsong-khapas Auslegung zufolge sind Svatantrikas (wie Bhavaviveka) jene Madhyamikas, die akzeptieren, dass die Dinge auf einer konventionellen Ebene tatsächlich intrinsisch existieren, ganz so wie sie wahrgenommen werden. Überhaupt zu existieren bringt ihnen zufolge intrinsische Existenz mit sich. Da aber nichts der endgültigen Analyse standhält, ist alles letzten Endes leer. Leerheit ist die Abwesenheit *letztendlicher* Existenz.

Prasangika-Madhyamikas wie Chandrakirti sind dagegen jene, denen zufolge sogar unsere gesunden Sinne ständig in einer Hinsicht fehlerhaft arbeiten: Die Dinge erscheinen, als wären sie mit intrinsischer Natur ausgestattet, und das ist falsch, sogar in *konventioneller Hinsicht.* Menschen und Autos existieren konventionell, intrinsische Natur aber existiert überhaupt nicht. Leerheit ist das Fehlen intrinsischer Natur. Für Prasangikas ist dies bedeutungsgleich mit der Abwesenheit letztendlicher Existenz; *hätten* die Dinge nämlich intrinsische Natur, müsste sie sich diesem System zufolge in letztendlicher Analyse auffinden lassen. Die Unmöglichkeit, Dinge überhaupt aufzufinden, wenn wir uns auf die Suche nach ihrer endgültigen Existenzweise begeben, lässt darauf schließen, dass sie überhaupt keine essenzielle Natur haben. Und doch existieren und funktionieren sie.

Es ist wichtig anzuerkennen, dass sich keine direkten, eindeutigen Aussagen über diesen Unterschied zwischen Prasangika und Svatantrika in den indischen Madhyamaka-Texten finden. Zudem bemerkten die früheren tibetischen Gelehrten, die Madhyamikas zuerst in die Klassen der Prasangikas und der Svatantrikas einteilten, keinen philosophischen Unterschied in deren Sicht der letzten

Wirklichkeit. Es handelt sich um etwas, das Tsong-kha-pa durch sein gründliches Studium der indischen Texte entdeckte.

Ursprünglich wurden Madhyamikas nicht auf der Grundlage ihres Verständnisses der Leerheit als Prasangikas und Svatantrikas klassifiziert, sondern nach der Art und Weise, wie sie die Vernunft einsetzen, um die Leerheit zu erkennen. Svatantrikas wie Bhavaviveka bestehen auf dem Einsatz autonomer Syllogismen (*svatantra*), um falsche Sichtweisen anzugreifen. Wollen sie andere von der Leerheit überzeugen, bringen sie Argumente zum Einsatz, die positive Feststellungen sind – oder zu solchen umgeformt werden können – und die im Rahmen der traditionellen buddhistischen Logik formal korrekt sind. Prasangikas wie Chandrakirti andererseits ziehen es vor, falsche Ansichten dadurch anzugreifen, dass sie deren widersprüchliche Konsequenzen (*prasanga*) aufzeigen; sie benutzen Argumenten vom Typus *reductio ad absurdum*. Dies bedeutet, dass Prasangikas oftmals Argumente gebrauchen, die – ohne dabei notwendigerweise eine spezifische alternative Position zu implizieren – innere Widersprüche in der Position der Person, deren Auffassung sie kritisieren, zum Vorschein bringen. Tsong-kha-pa argumentiert nun, dass Bhavavivekas Beharren auf autonomen Syllogismen nicht bloß einen Unterschied in der Methode bedeutet, sondern auch einen wesentlichen Unterschied – eine Unzulänglichkeit – in seiner Auffassung der Leerheit aufzeigt. Die Diskussion dieser Punkte in der *Großen Abhandlung* ist als schwierigster Teil des Textes zu Berühmtheit gelangt. Hier möchte ich Tsong-kha-pas Folgerungen nur kurz zusammengefasst erklären.

Um Leerheit zu verstehen, müssen Sie Tsong-kha-pas Argumente, mit denen er nachweist, wie Bhavaviveka seinen Glauben an intrinsische Natur verrät, nicht notwendigerweise verstehen oder ihnen beipflichten. Noch müssen Sie zu absoluter Gewissheit darüber gelangen, dass Bhavaviveka tatsächlich die Position vertrat, von der Tsong-kha-pa behauptet, er habe sie als in dessen Argumenten implizit angelegt entdeckt. Unser Zweck liegt darin, die Leerheit zu verstehen, nicht darin, über Details der buddhistischen

Geistesgeschichte zu debattieren. Für uns stellt diese Kontroverse darüber, wie man am besten über die Wirklichkeit debattiert, eine Gelegenheit dar, uns mit Tsong-kha-pas eigenem Verständnis der Leerheit vertrauter zu machen.

Der Hintergrund

Wie Tsong-kha-pa berichtet, beginnt Nagarjunas *Grundlegende Abhandlung* mit einer Widerlegung verdinglichter Hervorbringung. Es wird zurückgewiesen, dass Dinge jemals aus sich selbst, aus intrinsisch anderen Dingen, aus beidem zugleich oder gänzlich ohne jede Ursache hervorgebracht werden. In seinem Kommentar hierzu erläutert der Gelehrte Buddhapalita Nagarjuna, indem er die Fehler der anderen Systeme herausstellt, die jede dieser Positionen bezüglich der Hervorbringung vertreten. So gibt es etwa den Fall der Samkhyas, die behaupten, die Dinge würden in gewissem Sinne aus sich selbst hervorgebracht, da sie aus bereits existierenden, nicht manifesten Formen ihrer selbst entstünden. Buddhapalita antwortet mit einem *Reductio-ad-absurdum*-Argument: »Es folgt hieraus die absurde Konsequenz, dass die Hervorbringung desselben Dinges wieder und immer wieder endlos erfolgen muss, da ja, wie Ihr sagt, die Dinge aus sich selbst heraus entstehen.«

Im Anschluss hieran schrieb Bhavaviveka einen Nagarjuna-Kommentar, in welchem er Buddhapalita kritisierte. Er betont, dass Buddhapalitas *Reductio-ad-absurdum*-Argumente schlichtweg Irrtümer innerhalb der Positionen der anderen Systeme seien. Sie ließen sich nicht einfach zu positiven Behauptungen umformen, welche die Richtigkeit der Madhyamaka-Position beweisen, indem sie Informationsquellen nutzen, die für beide Parteien annehmbar sind. Und eben dies, so meint Bhavaviveka, sei vernünftigerweise notwendig. Als Logiker sieht sich Bhavaviveka genötigt, Anstoß an der Art und Weise zu nehmen, in der Buddhapalitas Kommentar von den zu seiner Zeit etablierten Standards formaler

Logik abweicht. Dabei unterstellt Bhavaviveka aber keinesfalls Nagarjuna einen Fehler; er geht davon aus, dass Buddhapalita Nagarjuna falsch interpretiert hat. Er schickt sich sodann an zu zeigen, wie sich Nagarjunas Argumente so formulieren lassen, dass sie als Beweise auf eigenen Füßen stehen können, als selbstständige Argumente für die korrekte Position: dass es keine endgültig existierende Hervorbringung gibt.

In der Folge schrieb Chandrakirti seinen eigenen Nagarjuna-Kommentar, in dem er sich auf die Seite Buddhapalitas schlug, Bhavavivekas Kritik zum Trotz. Kurz gesagt kritisiert Chandrakirti Bhavavivekas Gebrauch autonomer Syllogismen. Er verteidigt Buddhapalita, indem er argumentiert, es sei für Madhyamikas richtig, über die Leerheit unter Verwendung von *Reductio-ad-absurdum*-Argumenten zu debattieren, die innere Widersprüche in der Position der gegnerischen Partei ans Licht bringen. Genau so wird der Unterschied zwischen den beiden Arten von Madhyamaka definiert.

Tsong-kha-pas Erklärung

Um die Erklärung zu vereinfachen, benutzen wir unseren eigenen Syllogismus: »Der Tisch ist leer davon, in einem endgültigen Sinne zu existieren, weil er ein abhängig Entstehendes ist.« Tisch ist das Subjekt des Syllogismus. Die Hauptprämisse (im Buddhismus bekannt als »Voraussetzung« oder »Durchdringung«) lautet: *Jedes abhängig Entstehende ist notwendigerweise leer davon, in letztendlichem Sinn zu existieren.* Die Nebenprämisse (genannt die »Anwesenheit des Subjekts in der Begründung«) lautet: *Ein Tisch ist ein abhängig Entstehendes.* Die bewiesene These, das *Probandum*, lautet: *Somit ist der Tisch leer davon, in einem letztendlichen Sinn zu existieren.*

Ganz grob gesagt besteht Bhavaviveka darauf, dass wir Madhyamikas diese Art von direktem Syllogismus gegen Nichtmadhyamikas einsetzen. Und tatsächlich gibt Tsong-kha-pa zu verstehen, dass wir Argumente dieser Form formulieren *könnten.* Unser Syllogismus ist eine Schlussfolgerung, die Tsong-kha-pa akzeptiert und die er jemandem darlegen würde, der bereit ist, sie zu verstehen. Andererseits ist es problematisch, auf dieser Formulierung zu *bestehen* – wie Bhavaviveka es in seiner Kritik Buddhapalitas tut –, denn es ist unwahrscheinlich, dass diese Art von Argument am Anfang besonders überzeugend wirkt. Schließlich sind unsere Nichtmadhyamika Freunde ja Verfechter wahrer Existenz. Für sie existieren die Dinge so, wie sie erscheinen. Sie nehmen an, dass ihr empirisches Wissen über einen Tisch eine maßgebliche Bestätigung der intrinsischen Natur des Tisches beinhaltet. Sie sehen es als gegeben an, dass Dinge über ihre eigene essenzielle Natur verfügen, und infolgedessen letztendlich existieren. Somit ist es höchst unwahrscheinlich, dass sie schnell bereit sein werden, unsere Madhyamaka-These zu übernehmen.

Anstatt Nichtmadhyamikas gegenüber unverblümt eine These vorzutragen, die in direktem Widerspruch zu dem steht, was sie für absolut gewiss halten, zeigen Chandrakirti (und Buddhapalita) einen Weg auf, den Opponenten schrittweise darauf vorzubereiten, indem zunächst einmal widersprüchliche Konsequenzen hervorgehoben werden, die sich aus seiner Position ergeben. Wir könnten etwa sagen: »Die Dinge dürften sich nie verändern, denn sie existieren ja, wie ihr sagt, durch die Kraft ihrer eigenen essenziellen Natur, und nicht in Abhängigkeit von irgendwelchen anderen Ursachen und Bedingungen.« Wenn sie im Hinblick auf intrinsische Natur sehr unsicher geworden sind, dann mag die Zeit reif dafür sein, dass wir Madhyamikas ihnen gegenüber unsere These direkt vorbringen und einen Erfolg für uns verbuchen können. So versteht Tsong-kha-pa die Prasangika-Methode des Argumentierens.

Tsong-kha-pa geht aber über diesen Punkt hinaus und fragt: »Was bedeutet es, dass Bhavaviveka, ein brillanter Gelehrter, Buddhapalitas Vorgehensweise nicht zu würdigen weiß?« Beispielsweise können wir uns ja – gesetzt den Fall wir stimmten alle denselben vier Prämissen zu – gegenseitig direkte Argumente hinsichtlich der Implikationen dieser Prämissen darbieten. Auf ähnliche Weise würden wir, vorausgesetzt wir können uns auf dasselbe empirische Datenmaterial einigen, darüber diskutieren, welche Schlüsse aus unseren Wahrnehmungen zu ziehen seien. Nehmen wir aber einmal an, die andere Partei akzeptiere nur drei der vier Prämissen und sehe es zudem als gegeben an, dass dasselbe Bewusstsein, das die ersten drei Prämissen als gültig erkennt, zugleich das genaue Gegenteil der vierten Prämisse feststellt. Die Möglichkeiten für eine offene Debatte sind jetzt wesentlich stärker eingeschränkt. In einem solchen Fall kann unser wirkungsvollstes Mittel, um den anderen zu überzeugen, nicht darin bestehen, forsch die vierte Prämisse als unsere These vorzutragen. Der anderen Partei scheint deren Falschheit ja offensichtlich. Die sinnvollste Vorgehensweise besteht darin, auf indirektem Wege zu argumentieren, indem wir innere Widersprüche aufdecken, die wir in der Auffassung des Gegners implizit angelegt finden.

Dies ist etwas, das Bhavaviveka, der als Logiker zu großem Ruhm gelangt war, verstanden haben muss. Indem er aber insistiert, so folgert Tsong-kha-pa, dass wir Madhyamikas die Leerheit beweisen müssen, indem wir den Nichtmadhyamikas direkt einen selbstständigen Syllogismus vorlegen, impliziert Bhavaviveka Folgendes: Wenn Madhyamikas mit Nichtmadhyamikas debattieren, so geschieht das de facto auf der Grundlage geteilten empirischen Wissens, irgendeines gemeinsamen Verständnisses der Art und Weise, *wie* die Dinge auf der konventionellen Ebene existieren. Bhavaviveka muss also glauben, der einzige Unterschied zwischen Madhyamikas und Nichtmadhyamikas bestehe darin, dass wir tiefer analysiert und die korrekten Implikationen des gemeinsamen Korpus empirischer Fakten, dem alle zustimmen können, herausgearbeitet haben. Auf diese Weise impliziert Bhavaviveka, Tsong-kha-pa zufolge, dass intrinsische Natur in der Tat ganz so, wie sie unseren gewöhnlichen Sinnen erscheint, konventionell existiert.

Eine Analogie aus dem Gerichtssaal

Angenommen, es habe sich ein schlimmer Verkehrsunfall mit Personenschaden ereignet. Wir Madhyamikas sind die Kläger und plädieren für die Verurteilung des Mannes, der den Unfall verursacht hat, weil er bei Rot über die Kreuzung fuhr. Ein Augenzeuge tritt auf, um eine unparteiische Schilderung des Unfalls zu geben. Ich weiß, dass der Zeuge zwar vollkommen ehrlich, zugleich aber absolut farbenblind ist. Seine Aussage über die Farbe der Ampel zum Zeitpunkt des Unfalls ist entscheidend für den Fall, aber schlichtweg falsch. Während ich aber dem Kreuzverhör beiwohne, das mein Madhyamika-Anwaltskollege führt, fällt mir etwas Befremdliches auf. Zwar arbeitet er hartnäckig auf eine Verurteilung hin, doch stellt die Kette seiner Argumentation nicht in den Vordergrund, ja zieht nicht einmal in Betracht, dass der Zeuge vollkommen farbenblind ist. Obschon er mit mir die Meinung vertritt, dass der Angeklagte schuldig ist, legt die Argumentationsweise meines Anwaltskollegen nahe, dass er mit der Verteidigung die implizite Annahme teilt, die Gesamtheit des vom Zeugen vorgebrachten Beweismaterials sei vollkommen verlässlich.

Der Verkehrsunfall ist eine Analogie für die Katastrophe, in Samsara verwickelt zu sein; eine Verurteilung erreichen zu wollen steht für den Versuch, die Unglaubwürdigkeit der Vorstellung, die Dinge existierten letztendlich – der für Samsara ursächlich verantwortlichen Verblendung – zu beweisen. Der Zeuge steht für das Datenmaterial, das unsere Sinnesorgane im Kontakt mit Tischen, Stühlen etc. produzieren. Farbenblindheit repräsentiert das Unvermögen, zwischen Existenz und intrinsischer Existenz zu unterscheiden. Mein Anwaltskollege ist Bhavaviveka, der in einer Art und Weise für eine Verurteilung plädiert, die seine implizite und unausgesprochene Annahme verrät, der ehrlichen Aussage des Zeugen, den von unseren Sinnesorganen erzeugten Darstellungen, müsse man uneingeschränktes Vertrauen entgegenbringen.

Tsong-kha-pa unterscheidet zwei Arten von Madhyamaka

Bhavaviveka behauptet niemals direkt, dass er intrinsische Natur akzeptiere. Doch sein Beharren auf der Verwendung selbstständiger Syllogismen ist ein Schlüsselelement in der Beweisführung, die Tsong-kha-pa benutzt, um zu belegen, dass Bhavaviveka intrinsische Natur akzeptiert und somit nicht zwischen Existenz und intrinsischer Existenz unterscheidet. In der *Großen Abhandlung* lenkt Tsong-kha-pa die Aufmerksamkeit auf ein weiteres Beweisstück: Wenn Bhavaviveka über die Widerlegung von Essenz oder intrinsischer Essenz spricht, fügt er das qualifizierende Beiwort »letztendlich« hinzu. Bhavaviveka sagt uns, intrinsische Natur existiere nicht *letztendlich*, oder nicht unter Analyse. Impliziert er damit, dass sie *konventionell* existiert? Nach Auswertung aller Belege kommt Tsong-kha-pa zu dem Schluss, dass Bhavaviveka dies in der Tat impliziert.

Tsong-kha-pas Auslegung zufolge werden in Bhavavivekas Form des Madhyamaka Existenz und intrinsische Existenz zwar nicht explizit, aber doch stillschweigend als ein und dasselbe angenommen. Existenz/intrinsische Existenz hält dem Druck der Analyse einer Madhyamaka-Argumentation nicht stand. Doch scheint Bhavaviveka zu glauben, dass die Dinge konventionell, außerhalb endgültiger Analyse, intrinsisch existieren – ganz so, wie sie unseren gesunden Sinnen erscheinen.

Dank dieser Diskussion können wir umfassender verstehen, wie Tsong-kha-pa Chandrakirtis Kritik autonomer Syllogismen auslegt. Der Terminus »autonomer Syllogismus« (*svatantra*) bedeutet nicht bloß »positive Argumente, die durch gültiges Erkennen des Subjekts und der Prämissen gestützt werden«. Er bezieht sich auf derartige Argumente, bei denen dieselbe Art gültigen Erkennens von beiden Parteien insofern anerkannt wird, dass Subjekt und Prämissen durch dieses Erkennen bestätigt werden. Debattieren jedoch Prasangika-Madhyamikas mit anderen, so ist dies nicht möglich, da ja die anderen glauben, die Bewusstseinsarten, die das Subjekt und die Prämissen kennen, bestätigten zugleich implizit die intrinsische Natur dieser Dinge. Also folgt Tsong-kha-pa Chandrakirti und weist selbstständige Syllogismen eben deshalb zurück, weil er die intrinsische Natur zurückweist, die andere im Prozess der Darlegung von Subjekt und Prämissen eines autonomen Syllogismus für implizit bestätigt halten.

Dies bedeutet nun aber keineswegs, dass Tsong-kha-pa und seine Anhänger niemals Syllogismen benutzen. Etliche frühere Chandrakirti-Interpretationen fassen seine Kritik an Bhavaviveka so auf, als impliziere sie, dass Prasangikas niemals Syllogismen verwenden würden, da sie ja keine These vorbrächten; sie widerlegten bloß die Positionen anderer. Tsong-kha-pa weist diese Auffassungen ausführlich zurück und zeigt, dass wir sehr wohl Syllogismen verwenden, positive Behauptungen aufstellen, Positionen vertreten und sie argumentativ verteidigen. Wir versuchen, uns und anderen zu beweisen, dass die Dinge leer von intrinsischer Natur sind. Wir behaupten, dass die Dinge abhängig Entstehende sind. Wir unterscheiden uns nicht dadurch von Nichtprasangikas, dass wir eine bzw. keine These haben.

Der Unterschied besteht vielmehr darin, dass alle unsere Prasangika-Argumente durch konventionelle und gültige Bewusstseinsarten gestützt sind – das Wissen über Tische etc. –, die wir aber als fehlerhaft erkennen, weil ihre Objekte ihnen fälschlicherweise als intrinsisch existent erscheinen. Dies ist unsere Art der konventionell gültigen Erkenntnis: Sie ist ein verlässlicher Zeuge in der Frage, *welche* konventionellen Dinge an- oder abwesend sind, aber zugleich ein Zeuge, der einer unausgesetzten Falschwahrnehmung hinsichtlich der Art und Weise unterliegt, *wie* diese Dinge existieren. Nichtprasangikas ziehen diese Möglichkeit nicht in Betracht, geschweige denn, dass sie sie akzeptierten. Die Falschheit der alles durchdringenden Erscheinung intrinsischer Natur ist ja genau das, was wir ihnen beweisen möchten. Wir wissen, dass andere dies nicht akzeptieren, also gehen wir nicht davon aus, dass wir ihnen die Richtigkeit unseres Standpunkts mittels direkter

Argumente belegen können. Das gleicht der Situation, jemandem dabei helfen zu wollen durch genaues Kreuzverhör eines ehrlichen aber farbenblinden Zeugen zu beweisen, dass die Ampel rot war. Es ist zwar möglich, lässt sich jedoch nicht auf geradem Wege erreichen.

Erwägen Sie diesen Syllogismus: »Der Tisch ist leer von intrinsischer Natur, weil er ein abhängig Entstehendes ist.« Führt ein Prasangika dies einer Person gegenüber an, die glaubt, intrinsische Natur werde mit unumstößlicher Gewissheit von demselben Geist erkannt, der den Tisch erkennt, ergibt sich sofort ein Problem. Unsere Meinungsverschiedenheit – ob Dinge intrinsische Natur aufweisen oder nicht – bezieht sich auf die Verlässlichkeit des rohen, mit der Sinneswahrnehmung erhobenen Datenmaterials, eben der Grundlage, auf der sich notwendigerweise alle schlussfolgernden Argumente entwickeln müssen. Wir meinen, dass unsere Sinne uns mit gültigem Wissen versorgen, im Hinblick auf die intrinsische Natur aber falsch liegen; die andere Person hingegen meint, gültiges Wissen über ein Objekt bringe gültiges Wissen über die intrinsische Natur dieses Objekts mit sich. Aufgrund dieser Situation müssen Chandrakirtis Anhänger auf *Reductio-ad-absurdum*-Argumente zurückgreifen, wollen sie damit beginnen, andere zu überzeugen.

Trotzdem, so betont Tsong-kha-pa, akzeptieren und behaupten Prasangikas die Position, dass ein Tisch leer von intrinsischer Natur ist. Dies ist unsere Kernthese. Unser Ziel besteht darin, anderen so effektiv wie möglich dabei zu helfen, diese These anzunehmen und sich auf diese Weise auf den spirituellen Weg zu begeben.

Abschließender Kommentar

Anderen gegenüber, wie z. B. Ha-shang, argumentiert Tsong-kha-pa zugunsten der Gültigkeit des von den Sinnen vermittelten Wissens und zugunsten der entscheidenden Rolle logischer Argumente, die auf diesem Wissen aufbauen. Erklärt er aber die zwei Arten von Madhyamaka, dann gleicht er dies durch nachdrückliche Unterstützung von Chandrakirtis scharfer Kritik an dem Logiker Bhavaviveka wieder aus. Tsong-kha-pas Auslegung zufolge impliziert und verrät Bhavavivekas rigide Haltung zur formalen Logik eine subtile, aber folgenschwere Verdinglichung. Indem er sich auf Chandrakirtis Seite schlägt und Bhavaviveka widerlegt, zeigt Tsong-kha-pa, wie er zur Macht der Analyse stehen kann, ohne in eine verdinglichende extreme Haltung zu verfallen. Konventionelles Wissen ist gültig, die damit einhergehende Erscheinung intrinsischer Natur ist falsch. Deshalb funktioniert die Logik noch immer, lediglich kommen einige traditionelle Regeln zur Formulierung von Argumenten nicht zur Anwendung, weil sie auf der Annahme gründen, ein gültiges Bewusstsein dringe zur intrinsischen Natur des Gegenstands der Debatte vor.

Indirekt stützt Tsong-kha-pas Diskussion dieser Frage seinen Leitgedanken, dass begriffliches Denken *nicht* die Wurzelursache unserer Probleme ist. An unterschiedlichen Stellen der *Großen Abhandlung* stellt er dieses Argument heraus, indem er die positive Macht der Analyse betont. In dieser Auseinandersetzung mit Bhavaviveka hebt er jedoch den komplementären Aspekt hervor, dass sogar direkte Sinneserfahrung – wie das begriffliche Denken auch – in seiner Auffassung der Existenzweise der Dinge fehlerhaft ist. Bauen wir unsere Praxis auf der Idee auf, alles begriffliche Denken sei falsch, könnten wir meinen, es sei das Ziel, zu einer reinen, rohen, vorbegrifflichen Erfahrung zu gelangen. In diesem Fall hingegen kommen wir zu einer gültigen Informationsquelle – die aber nichtsdestotrotz einen falschen Aspekt, eine falsche Erscheinung intrinsischer Natur beinhaltet.

Wenn wir von der Annahme ausgehen, dass wir der Art und Weise, *wie* die Dinge vorbegrifflich erscheinen, trauen können, negieren wir nicht genug. Gegenstände erscheinen selbst unseren voll funktionstüchtigen Sinnesorganen so, als verfügten sie über eine ihnen eigene intrinsische Natur. Normalerweise stellen wir diese Erscheinungsweise nie infrage. Weisheit ist der Pfad, sie mittels Analyse zu überprüfen und die Gewissheit zu erlangen, dass sie falsch ist.

Kernaussagen Kapitel 8

Tsong-kha-pa unterteilt Madhyamaka in Chandrakirtis Prasangika und Bhavavivekas Svatantrika. Er gelangt zu der Überzeugung, dass Chandrakirti die korrekte Sicht vertritt.

Alle Madhyamikas sind sich dahin gehend einig, dass alle Dinge insofern leer sind, als sie endgültiger Analyse nicht standhalten können – dass also alle Dinge endgültig leer sind. Svatantrika-Madhyamikas vertreten nun aber die Auffassung, dass die Dinge konventionell über intrinsische Natur verfügen, ganz so, wie dies auf der Grundlage ihres durch unsere Sinnesorgane vermittelten Erscheinens der Fall zu sein scheint. Prasangikas halten dagegen, dass intrinsische Natur, wiesen die Dinge sie in der Tat auf, unter endgültiger Analyse nachweisbar sein müsste. Da dies nicht der Fall ist, sind alle Dinge sogar konventionell leer von intrinsischer Natur.

Diese philosophische Unterscheidung tritt in den indischen Texten nicht unmittelbar klar in Erscheinung. Tsong-kha-pa trifft sie auf der Grundlage von Schlussfolgerungen, zu denen er durch gründliche Lektüre von Buddhapalita, Bhavaviveka und Chandrakirti gelangt, insbesondere aber durch das Studium ihrer Dispute über die Frage, in welche Form Madhyamaka-Argumente am besten zu fassen seien, will man anderen durch sie zur Erkenntnis der Leerheit verhelfen.

Argumente seien stets, so insistiert Bhavaviveka, in die Form des klassischen Syllogismus zu fassen, der ein für alle Diskussionsteilnehmer konsensfähiges Thema als gemeinsame Diskussionsgrundlage voraussetzt. Da nun aber der Gegner des Madhyamika-Disputanten von der Annahme ausgeht, die Dinge wiesen intrinsische Natur auf, impliziert dies, dass Bhavaviveka auf der konventionellen Ebene ebenfalls intrinsische Natur annimmt.

Chandrakirti hingegen gibt *Reductio-ad-absurdum*-Argumenten den Vorzug, welche die inneren Widersprüche in der Auffassung des Gegners zum Vorschein bringen. Hieran lässt sich erkennen, dass er nicht von der Existenz gemeinsamer Objekte ausgeht, die allen Disputanten in derselben Form erscheinen, und über die man dann mit Realisten debattieren könnte. Er tut dies deshalb nicht, weil er sogar die konventionelle Existenz der intrinsischen Natur, die unseren Sinnesorganen erscheint, zurückweist.

Die Vorliebe für *Reductio*-Argumente in der Diskussion mit Nichtmadhyamikas bedeutet keineswegs, dass Prasangikas selbst keine Ansicht oder Position vertreten. Ihrer Auffassung nach sind alle Dinge leer von intrinsischer Natur, und sie pflegen diese Auffassung dann in der Form von Syllogismen zu vertreten, wenn sie mit Gegnern debattieren, die aufgrund vorbereitender Argumente bereit sind, hiervon zu profitieren.

Kapitel 9

Wer bin ich wirklich?[15]

Ein Rätsel

Am Anfang ihrer Abenteuer im Wunderland sagt Alice: »Ich frage mich, ob ich in der vergangenen Nacht verwandelt worden bin. Ich will einmal überlegen: *War* ich dieselbe, als ich heute Morgen aufstand? Ich glaube fast mich zu erinnern, dass ich mich ein wenig anders gefühlt habe. Wenn ich nun aber nicht mehr dieselbe bin, muss ich als Nächstes fragen: Wer um alles in der Welt bin ich? Und *das* ist das große Rätsel.«[16]

Sodann grübelt Alice nach, ob sie in ihre Freundin Ada verwandelt worden ist oder vielleicht das Pech gehabt hat, ihre Freundin Mabel geworden zu sein. Denn sollte sie tatsächlich verwandelt worden sein, wäre sie ja in der Tat jemand anderes geworden – und das könnte sehr wohl jemand sein, den sie kennt!

Wer Kinder liebt und sie großzieht, erlebt, wie schmerzlich ihre rasche Verwandlung vom Baby zum Kleinkind, von Kind zum Heranwachsenden und schließlich zum Erwachsenen ist. Ist das Baby, das ich an meiner Brust in den Schlaf gewiegt habe, dieselbe Person wie dieser junge Mann? Oder ist er eine andere Person? Es mag geschehen, dass wir dasselbe Problem und vielleicht denselben Schmerz bemerken, wenn wir uns alte Fotos anschauen. Bin ich dieselbe Person wie dieser neunjährige Guy auf dem Foto oder bin ich eine andere Person? Wie man diese Frage auch beantwortet, es fühlt sich problematisch an.

Werden wir genötigt, konzentriert bei dieser Frage zu verweilen und eine Antwort zu geben, fühlen wir uns schon bald unwohl. Handelt es sich um dieselbe Person oder eine andere? Unser Unwohlsein mag uns dazu veranlassen, das Thema zu wechseln und den Lehrer bzw. das Buch zurückzuweisen, die uns dazu drängen, dieses »große Rätsel«, wer wir sind, zu lösen. Unser Unwohlsein gründet in einer tiefen Dissonanz, die zwischen der tatsächlichen Seinsweise der Dinge – fließend, ungreifbar, miteinander verwoben – und der Art und Weise, wie wir für gewöhnlich über sie denken und reden – als abgetrennte, selbstständige, konkrete Einheiten – besteht. Über Leerheit zu meditieren bedeutet, sich zu verpflichten, tiefer und tiefer in diese Dissonanz einzutauchen, bis sie nahezu unerträglich wird, gleichsam als schriee ein kleines Kind Ihnen ins Ohr und wolle fortwährend wissen: Wer bist du? Wie existieren die Dinge eigentlich?[17]

Aufdringliche Elefanten und verheiratete Junggesellen

Wir wollen einmal die Schritte bei der analytischen Meditation zusammenzufassen. Zuerst müssen wir unsere eigene Vorstellung von intrinsischer Natur in introspektiver Meditation identifizieren. Dieses falsche Selbst ist wie ein Dämon, der uns unendliche Qualen zugefügt hat. Wir können den Dämon ans Licht locken, indem wir uns Situationen berechtigter Empörung vorstellen, in denen wir fälschlicherweise beschuldigt wurden, um dann wie ein Spion aus einem Winkel des Geistes zuzuschauen, zu beobachten, wie unser Empfinden, ein Selbst zu sein, sich in einem solchen Moment anfühlt. Ohne eine Übung wie diese ist es schwierig, uns selbst auf frischer Tat bei der Selbstverdinglichung zu ertappen. Der springende Punkt ist, dass wir in unserer eigenen Erfahrung jene Unwissenheit bemerken müssen, die als Wurzel unseres Daseinskreislaufs fungiert, unsere falsche Vorstellung, die annimmt, wir besäßen eine intrinsische Natur.

Sodann sollten wir uns mit einer begrenzten aber *alles beinhaltenden* Menge alternativer Möglichkeiten konfrontieren, auf welche Weise eine solche Natur existieren könnte, wenn sie tatsächlich existieren würde. Ich möchte diese Vorgehensweise mittels einer Analogie verdeutlichen: Nehmen wir an, jemand litte an der Einbildung, ein Elefant befände sich im Haus. Wir könnten eine vollständige Liste aller Zimmer des Hauses erstellen, oder vielleicht eine Liste aller Räume im Haus, die groß genug sind, um einen Elefanten beherbergen zu können. Als Nächstes würden wir die im Wahn befangene Person bitten, sich im Geiste die unverrückbare Tatsache klarzumachen, dass ein Elefant, befände er sich im Haus, mit absoluter Gewissheit in einem dieser Räume anzutreffen sein müsste. Hätte die besagte Person Zweifel, so würden wir der Liste weitere Räume hinzufügen, selbst wenn das unter logischen Gesichtspunkten unnötig erscheinen sollte, bis sie eindeutig darauf vertraut, dass ein im Haus platzierter Elefant sich an einem dieser Orte befinden *müsse.*

Wenn dann bei der Durchsuchung jedes einzelnen Raumes kein Elefant auftaucht, würde die Kraft des Gedankens: »Es bleibt schlichtweg kein Ort übrig, an dem sich ein Elefant aufhalten könnte!«, in die Erkenntnis umgewandelt, dass sich, seiner Einbildung zum Trotz, kein Elefant im Haus befindet.

Das Beispiel des verheirateten Junggesellen ist zwar auf den ersten Blick recht befremdlich, vermittelt uns jedoch ein Bild von dem gesamten analytischen Prozess. Nehmen wir einmal an, es gäbe eine Person, die sich und anderen unnötiges Leid verursache, und dass hinter all diesen Schwierigkeiten die falsche Vorstellung am Werk sei, sie könne nur dann glücklich werden, wenn sie einen verheirateten Junggesellen fände. Zuallererst helfen wir ihr, zu der Einsicht zu gelangen, dass sie diese falsche Vorstellung hegt – also zu bemerken, auf welche Weise diese seltsame Vorstellung in ihrem eigenen Geist vorkommt. Als Nächstes ziehen wir die Alternativen in Betracht: Der verheiratete Junggeselle muss entweder verheiratet oder ledig sein. Ist sie zu der unumstößlichen Überzeugung gelangt, dass diese beiden Alternativen alle Möglichkeiten beinhalten, können wir jede einzelne der Alternativen durch eine Analyse ausschließen, die in *unseren* Augen lächerlich offensichtlich aussieht: Er kann nicht verheiratet sein, weil er ein Junggeselle ist. Er kann nicht ledig sein, weil er verheiratet ist. Für eine Person, die sich einmal in den Klauen einer schädlichen Einbildung befunden hat, ist es wichtig, jeden einzelnen Schritt sorgfältig durchzuarbeiten. Dies sollte es ihr ermöglichen, mit Gewissheit zu erkennen, dass sie nach etwas gegriffen hat, das nicht vorhanden ist und niemals existieren kann.

Mag sie auch seltsam sein, so hat diese Analogie – verglichen mit der des Elefanten im Haus – doch Vorzüge. Die Analogie des verheirateten Junggesellen zeigt nämlich, auf welche Weise der Prozess der Analyse intrinsischer Natur eben darin besteht, Alternativen logisch einzugrenzen und eine nach der anderen zu widerlegen. Es handelt sich eben nicht, wie im Falle des Elefanten, um eine physische Suche. Zudem ist es, obwohl wenig wahrscheinlich, doch immerhin grundsätzlich möglich, dass ein Elefant im Haus ist; wohingegen es niemals einen verheirateten Junggesellen gibt. Im Augenblick trifft es gerade zu, dass sich kein Elefant in meinem Haus aufhält, und es mag der Fall sein, dass Einhörner niemals irgendwo existiert haben. Personen aber, die in und aus sich selbst heraus bestehen, kraft ihrer eigenen essenziellen Natur, können – wie der verheiratete Junggeselle – schlichtweg nicht existieren, nicht jetzt und auch zu keiner anderen Zeit.

Analyse eines Wagens

Madhyamaka-Abhandlungen enthalten viele verschiedene Argumente, mit denen jegliche essenzialistische Auffassung widerlegt wird. In der *Großen Abhandlung* beschreibt Tsong-kha-pa den Prozess der meditativen Analyse des intrinsischen Selbst der Person hauptsächlich im Zusammenhang mit einer besonderen Begründung, die als »Fehlen von Gleichheit oder Verschiedenheit« (*gcig du bral*) bekannt ist. Zuerst stellt er anhand des Beispiels der Analyse eines Wagens vor, wie dieses Argument funktioniert, um es sodann auf die Person anzuwenden.

Tsong-kha-pas Erklärung des »Fehlens von Gleichheit oder Verschiedenheit« beginnt mit der Beschreibung des sogenannten »Gesetzes des ausgeschlossenen Dritten«. Es ist bisweilen behauptet worden, und zwar fälschlicherweise, dass dieses Prinzip in der nicht westlichen Logik nicht vorkomme. Manchmal begegnen wir noch immer der Auffassung, bei den asiatischen Religionen, oder dem Buddhismus insbesondere, ginge es um mystische Erfahrungen, die vernünftige Analyse ausschlössen. Wir wollen uns eine von Tsong-kha-pas Formulierungen des ausgeschlossenen Dritten in der *Großen Abhandlung* ansehen.[18]

> Im Allgemeinen beobachten wir in der Welt, dass ein Phänomen, wird es geistig als begleitet klassifiziert, davon ausgeschlossen wird, unbegleitet zu sein, und wenn es als unbegleitet klassifiziert wird, davon ausgeschlossen wird, begleitet zu sein. Allgemein schließen also gleich und unterschiedlich, wie auch Singular und Plural jede weitere Alternative aus, da das Unbegleitete und das Begleitete (respektive) Singular und Plural sind.

Mit anderen Worten sind begleitet und unbegleitet, genau wie verheiratet und ledig, X und nicht-X. Das Unbegleitete ist allein, Singular, und mit sich selbst identisch. Es ist nicht mannigfaltig, weil es eins ist. Was begleitet ist, ist Plural und mannigfaltig. So zieht also das Grundprinzip, dem gemäß alles was existiert entweder X oder nicht-X sein muss, nach sich, dass alles was existiert entweder Singular oder Plural sein muss, entweder mit sich selbst identisch oder mannigfaltig sein muss.

Tsong-kha-pa benutzt dieses Prinzip, um die Alternativen bei der Analyse intrinsischer Natur einzugrenzen:

> Legst du für den allgemeinen Fall fest, [dass alles entweder] eins oder nicht eins sein muss, dann wirst du auch für den besonderen Fall [von etwas, das essenziell existiert, festlegen, dass es entweder] essenziell eins oder essenziell verschieden [ist].

Hätte also beispielsweise ein Wagen essenzielle oder intrinsische Natur, so gälte es, dies durch rigorose Analyse der Frage, ob es identisch mit seinen Bestandteilen oder intrinsisch verschieden von ihnen sei, zu demonstrieren.

Ist ein Wagen identisch mit seinen Bestandteilen? Nein, denn dann wäre der Wagen Plural, so wie ja auch die Bestandteile des Wagens zahlreich und mannigfaltig sind; oder es gäbe, anders herum, nur einen Bestandteil, weil es ja auch nur einen Wagen gibt. Wäre der Wagen mit seinen Bestandteilen identisch, dann wäre der »Besitzer« identisch mit dem Objekt, das besessen wird, da wir ja sagen, ein Wagen *habe* Bestandteile.

Könnten Subjekt und Objekt in dieser Form identisch sein, wären auch Feuer und Brennstoff identisch. Würden wir ein Holzscheit (das Objekt, das verbrannt wird) auf eine kalte Feuerstelle legen, müsste sich dann das Zimmer erwärmen, da das Objekt, das verbrannt wird ja mit dem Subjekt, dem Feuer, identisch wäre.

Andererseits ist ein Wagen nicht essenziell von seinen Bestandteilen verschieden, denn wäre dies der Fall, könnten wir Fälle beobachten, in denen Wagen ohne Wagen-Bestandteile erscheinen, ganz so wie Pferde und Kühe getrennt voneinander erscheinen können, da sie voneinander getrennt sind.

Da ein Wagen weder unter seinen Bestandteilen aufgefunden werden kann, noch essenziell von ihnen verschieden ist, kann er keine essenzielle Natur haben. Dies ist der Fall, da ein essenziell existierender Wagen, wenn es ihn gäbe, im Zuge einer solchen Analyse auffindbar sein müsste. Das Wissen darum, dass den Dingen diese essenzielle Wirklichkeit fehlt, ist eine befreiende Einsicht in die Leerheit, die Abwesenheit intrinsischer Existenz.

Ein weiterer wichtiger Punkt sollte hier beachtet werden: Für Tsong-kha-pa stellen Informationen, die von einem gewöhnlichen konventionellen Bewusstsein herrühren, letztlich die Basis eines jeden Arguments dar – einschließlich dieser Widerlegung der essenziellen Wirklichkeit. Wir sehen, dass ein Scheit von einer Flamme verschieden ist, dass ein Pferd von einer Kuh verschieden ist, dass Begleitetsein verschieden ist von Unbegleitetsein. Ausgehend von diesem gewöhnlichen Tatsachenwissen können wir Argumente gegen die essenzielle Natur entwickeln. Unsere gewöhnlichen konventionellen Wahrnehmungen irren sich dahin gehend, dass ein Scheit ihnen erscheint, als wäre es essenziell wirklich, zur gleichen Zeit aber versorgen uns diese konventionellen Wahrnehmungen aber mit zutreffenden und praktischen Informationen. Wir können diese Informationen nicht nur benutzen, um ein Feuer zu entfachen – oder uns ein Auto auszusuchen –, sondern wir brauchen diese Informationen auch definitiv, um Argumente gegen essenzielle Natur formulieren zu können. Um es mit Tsong-kha-pas Worten zu sagen: »Selbst bei der Analyse der Wirklichkeit stützt sich jede Kritik letztlich auf ungehinderte, konventionelle Bewusstseinsarten.«

Die Person

Dasselbe »Fehlen von Gleichheit oder Verschiedenheit«-Argument gebraucht Tsong-kha-pa, um zu zeigen, dass das Selbst (oder die Person) deshalb nicht essenziell existiert, weil es weder essenziell identisch mit noch essenziell verschieden von den geistigen und körperlichen Aggregaten ist. Er erläutert, wie der Übende zunächst in seiner eigenen Erfahrung das Objekt der Negation identifiziert – die Vorstellung von einem intrinsischen Selbst –, um sich sodann zu fragen, ob dies essenzielle Selbst mit Geist und Körper *identisch* oder von Geist und Körper *verschieden* sei.

Die Vorstellung, das essenzielle Selbst sei mit Geist und Körper identisch, wird durch viele Argumente widerlegt. Wir wollen vier davon betrachten: (1) Es wäre überflüssig, von einem Selbst auch nur zu sprechen; (2) es gäbe entweder viele »Selbste« oder aber nur ein Aggregat; (3) das intrinsisch existierende Selbst wäre unbeständig, würde entstehen und vergehen; (4) jedes Subjekt könne mit seinem Objekt identisch sein.

Gäbe es ein essenziell existierendes Selbst, das mit den Elementen und Aspekten von Geist und Körper exakt identisch wäre, dann wären diese Aggregate dieses Selbst. Es bestünde keinerlei Notwendigkeit, hierüber ein Wort zu verlieren, es sich vorzustellen oder darüber zu diskutieren. Das Selbst wäre schlicht und einfach ein Synonym für den Geist/Körper-Komplex. In der Sprache hingegen, die unsere Art zu denken widerspiegelt, erscheint das Selbst oder die Person als von Geist und Körper der Person klar unterschieden. Wir benutzen Ausdrücke wie »mein Geist«, »mein Körper«, »meine Hand« oder »meine Gefühle«, oder sogar »mein Leben«. Wie kann das »Ich«, das wir uns als Besitzer dieser verschiedenartigen und veränderlichen Gefühle vorstellen, eben genau diese Gefühle selbst sein? Damit kann das essenziell existierende Selbst nicht mit Geist und Körper identisch sein.

Das zweite Argument gibt zu bedenken, dass die Aggregate von Geist und Körper, wären sie exakt mit dem essenziellen Selbst identisch, alle die gleichen Eigenschaften und Merkmale aufweisen müssten. Sie müssten beispielsweise numerisch identisch sein. Da wir schließlich davon ausgehen, dass eine Person nur ein essenzielles Selbst hat, müssten die Aggregate von Geist und Körper nur eins an der Zahl sein – während es aber doch offensichtlich viele verschiedene Teile des Geistes und des Körpers gibt. Oder: Da diese Bestandteile viele an der Zahl sind, müsste jede Person viele essenziell existierende »Selbste« haben. Ich hätte dann etwa zehn »Zehen-Selbste« etc. Untersuchen wir aber introspektiv, wie sich unsere Empfindung eines »wirklichen Selbst« anfühlt, dann stellen wir fest, dass es uns keineswegs so erscheint. Dieses wirkliche Selbst scheint die einzige Essenz und der autonome Kern meines Seins als einer Person zu sein. Es ist somit widersprüchlich zu behaupten, es sei identisch mit den vielen verschiedenen Elementen von Geist und Körper.

Wäre ein intrinsisch existierendes Selbst, so lautet das dritte Argument, mit Geist und Körper identisch, dann würde es sich von Augenblick zu Augenblick verändern, ganz so, wie Geist und Körper dies tun. Das intrinsisch existierende Selbst in einem Moment wäre dann von dem intrinsisch existierenden Selbst eines späteren Moments verschieden. Eine Konsequenz der Identifikation des intrinsisch existierenden Selbst mit dem Geist/Körper-Komplex bestünde in der Notwendigkeit zuzugestehen, dass in dem Maße, wie Geist und Körper sich verändern, das essenzielle Selbst in jedem Moment jeweils ein anderes ist. Ist aber das »Ich« eines vergangenen Moments von einer anderen Essenz als das »Ich« des gegenwärtigen Moments, wie kann ich mich dann an Dinge erinnern, die von der früheren Person erlebt wurden? Mein früheres Selbst war von seinem *Wesen* her anders, essenziell anders als das Ich dieses Augenblickes. Und könnten Personen, die essenziell verschieden sind, sich an die Erfahrungen des anderen erinnern, dann sollte jeder auf der Welt fähig sein, sich an die Erfahrungen eines jeden anderen zu erinnern. Dies ist jedoch nicht der Fall.

Ein viertes Argument schließlich weist darauf hin, dass im Falle der Gleichheit des intrinsischen Selbst mit dem Geist/Körper-Komplex, Subjekt und besessenes Objekt identisch wären, da wir ja davon sprechen, dass eine Person einen Körper und einen Geist hat. Könnten Subjekt und Objekt auf diese Weise identisch sein, könnten auch Feuer und Brennstoff einfach identisch sein. Das würde außerdem, wie oben bereits angemerkt, zur Folge haben, dass ich ein Scheit auf die kalte Feuerstelle legen könnte und das Zimmer warm würde, oder dass man ein Messer benutzen könnte, um dieses Messer selbst damit zu schneiden.

Wenn das nun so ist, warum sollten wir nicht in Betracht ziehen, dass das intrinsisch existierende Selbst *verschieden* von Geist und Körper ist? Wäre die Person von einer essenziellen Natur, die sich von der essenziellen Natur der geistigen und körperlichen Aggregate unterschiede, dann ließe sich mein »Selbst« unabhängig von Geist und Körper auffinden und identifizieren. Ganz so, wie Pferde und Kühe unterschiedliche Qualitäten aufweisen und an verschiedenen Orten angetroffen werden können, sollte ich dann imstande sein, auf mein essenzielles Selbst an einem bestimmten Ort und zu einem bestimmten Zeitpunkt zu zeigen, während sich mein Geist und mein Körper zugleich ganz und gar anderswo aufhalten.

Wenn wir den Ausdruck »Person« benutzen, beziehen wir uns auf ein Kontinuum sich wandelnder geistiger und körperlicher Faktoren. Die Person, jeder einzelne der Faktoren von Geist und Körper wie auch das gesamte Kontinuum der sich ständig wandelnden Faktoren sind leer von jeglicher essenziellen oder intrinsischen Natur. Weil ich keine Essenz habe, bin ich weder essenziell gleich wie Guy im Alter von neun Jahren, noch essenziell verschieden von ihm. Ebenso bin ich weder essenziell gleich wie Personen mit einem anderen Geisteskontinuum, noch essenziell verschieden von ihnen, wie etwa George Bush. Anders als George Bush aber, besitze ich dasselbe persönliche Kontinuum wie Guy von gestern und Guy, der ich als Kind war. Meine Erfahrungen und Entscheidungen zu jener Zeit haben Eindrücke hinterlassen, wie die Fußspuren eines Vogels, der fortgeflogen ist. Ich erbe die Folgen meiner eigenen vergangenen Taten. Die Entscheidungen, die wir treffen, erzeugen kleine Wellen, und von diesen branden unsere besonderen, aber immer im Wandel befindlichen Neigungen und moralischen Eigenschaften wie Wogen im Strom unseres Geistes. Konventionell ist es also korrekt, zu sagen: »Dies ist ein Bild von mir, als ich neun war«, und »Dies ist kein Bild von mir; es ist ein Bild von George Bush.«

Tsong-kha-pa stellt nun fest, dass nicht buddhistische Philosophien über ein ewiges und essenzielles Selbst dann entstehen, wenn ihre Verfechter zu der Einsicht gelangen, das essenzielle Selbst könne nicht mit dem Fluss der geistigen und körperlichen Aggregate identisch sein. Sie zögen daraus den falschen Schluss und lehrten dann die Existenz eines metaphysischen Selbst, das essenziell von Geist und Körper verschieden sei. Ihre eigenen gewöhnlichen und konventionell gültigen Bewusstseinsarten nehmen jedoch niemals irgendeine Essenz oder ein intrinsisches Selbst wahr, das von Geist und Körper verschieden wäre. Es ist schlicht und einfach ein eingebildetes Konstrukt. Anstatt anzunehmen, es *müsse* ein unveränderliches Selbst geben und dieses sodann als eine von Geist und Körper verschiedene Essenz zu verorten, sollten sie erkennen, dass ein intrinsisch existierendes Selbst, insofern es weder als identisch mit, noch als verschieden von Geist und Körper aufgefunden wird, schlichtweg nicht existiert.

Da die Person keinesfalls ein essenzielles Selbst sein kann, das entweder identisch mit oder verschieden von den Aggregaten ist, kann die Person keine Essenz aufweisen. Die Person ist bar jeglicher intrinsischen Natur. Die Person existiert bloß nominell und konventionell, ist aber auf dieser Grundlage als Subjekt vollkommen funktionsfähig. Um Ihr Verständnis dieser Schlussfolgerung zu festigen, sollten Sie jede in Ihrem Geist aufkommende Möglichkeit, jeden Gedanken in Erwägung ziehen, in dem sich doch noch ein essenzielles Selbst verbergen könnte, das durch die Risse entwischt ist. Durch sorgsame und fokussierte Analyse lässt sich jede Möglichkeit als ein weiterer Fall von »gleich« oder »verschieden« betrachten, und somit bricht sie im Lichte von unmöglichen Konsequenzen wie den oben genannten zusammen.

In der Meditationspraxis können wir uns nicht damit zufriedengeben, eine Argumentationslinie in einer abgekürzten Form durchzuarbeiten. Wir müssen uns einer Vielzahl von Argumenten bedienen, die wir den Abhandlungen Nagarjunas und anderer Madhyamikas entnehmen, und wir müssen spüren, wie wir selbst tiefer und tiefer in den Prozess hineingezogen werden, sie immer wieder durchzuarbeiten. Einzig auf diese Weise können wir die starke Überzeugung entwickeln, dass das intrinsische Selbst, an das wir uns für gewöhnlich festklammern, niemals existiert hat und niemals existieren könnte.

Abhängiges Entstehen

Der Widerspruch, der wirkliche Fall des verheirateten Junggesellen, besteht darin, dass wir an der Illusion festhalten, die Dinge existierten fest in sich gefügt und von ihrer eigenen Seite her, während wir zugleich inmitten gnadenloser Belege dafür leben, dass sie nicht bloß vergänglich sind, sondern in Abhängigkeit von anderen, als ihre Ursachen und Bedingungen fungierenden Dingen, existieren. Dies ähnelt auf furchterregende Weise der Wahnvorstellung vom verheirateten Junggesellen und ihrer Implikation, dort draußen gäbe es jemanden, der zugleich verheiratet (zu jemandem in Beziehung stehend) und ledig (nicht in Beziehung stehend) ist. Stehen die Dinge miteinander in Beziehung oder nicht?

Uns erscheint es als »gesunder Menschenverstand«, dass (1) die Dinge in und aus sich selbst heraus wirklich sind und (2) weil sie wirklich sind Beziehungen eingehen können, die sie mit anderen wirklichen Dingen verbinden. Ich entdecke bei mir selbst Gedanken und höre, wie andere Gedanken aussprechen, die in etwa auf Folgendes hinauslaufen: Wenn die Dinge nicht *schon wirklich* wären, bevor sie mit etwas anderem eine Beziehung eingehen, was gäbe es dann, das sich in dieser Beziehung verbinden ließe?

Unsere Intuition täuscht uns insofern nicht, als dass es keine Beziehungen ohne miteinander in Beziehung stehende Wesenheiten geben kann. Beziehungen bestehen nicht unabhängig von dem, was miteinander in Beziehung steht. Wir gehen aber vollkommen in die Irre, wenn wir annehmen, es müsse somit endgültig wirkliche Dinge geben – unverbundene und unabhängige Dinge – die zunächst einmal einfach für sich da sind, um später miteinander in Beziehung zu treten.

Indem wir darüber meditieren, dass die Dinge deshalb leer sind, weil sie abhängig entstehen, schulen wir unseren Geist darin zu erkennen, dass die Dinge *nur* existieren, insofern sie mit anderen Dingen in Beziehung stehen, von denen ihrerseits keines endgültig wirklich ist. Weil nichts von sich aus die Möglichkeit hat, ins

Dasein zu treten, ist jedes einzelne Ding Ausdruck eines riesigen Netzwerkes von Beziehungen zu anderen Dingen. Es gibt keinen Grund, keinen absoluten Seinsgrund, kein Fundament, das nicht selbst bedingt wäre, keinen Anfangspunkt. Alles steigt empor aus der andauernden, wogenden Komplexität unzähliger wechselseitig abhängiger Bedingungen, von denen sich keine einzige analytisch auffinden lässt.

In Klischees wie »jede Schneeflocke ist einmalig« wird unsere eigene Einmaligkeit als Lebewesen gefeiert. Das Problem besteht nun aber darin, dass wir, für gewöhnlich unbewusst, glauben, unsere Einmaligkeit entstünde aus einer inneren Essenz, die unser persönlicher Kern ist. Um diesen Kern zu verteidigen und auszudehnen, verletzen wir andere; um diesen Kern zu nähren, geben wir uns der Gier hin. Wir handeln so, als wäre boshafter Zorn unser schützender Vater und Begehren die uns erhaltende Mutter. Niemand vermag zu ermessen, wie viel Schmerz und Qual dies verursacht hat.

Tatsächlich entsteht unsere Einmaligkeit aus einer unverwechselbaren, sich stets verändernden, unendlichen Menge von Beziehungen zu anderen Dingen. Wir sind einmalig und wichtig, doch sind wir nicht die Eigentümer unserer Einmaligkeit. Wir haben keinen intrinsischen Kern. Wir verdanken unsere Einmaligkeit all den Bedingungen, aus denen wir entstehen – und unserer Leerheit. Ohne den weiten Himmel der Leerheit könnte die übrige Welt nicht in uns und durch uns aufscheinen, und wir könnten niemals das sein, was wir sind – Lebewesen, die wichtige Entscheidungen treffen und einen Unterschied machen.

Die Dinge als Illusionen ansehen

Wie erscheint die Welt jemandem, der diese Art der Analyse in der Meditation praktiziert hat? Tsong-kha-pa zitiert eine poetische Passage aus dem *Sutra vom König der Konzentration*, die lehrt, dass alle Phänomene wie eine Fata Morgana, wie Illusionen, Spiegelungen, Echos und Träume sind. Im Falle konventioneller Phänomene wie Personen oder Formen bedeute dies, so erklärt er, dass X erscheint, man jedoch zugleich versteht, dass es keinerlei intrinsisch existierendes X gibt. Es ist, um ein Beispiel anzuführen, wie im Fall einer Spiegelung: Man sieht eine deutliche Erscheinung eines Gesichts, versteht aber, dass in dieser Erscheinung tatsächlich kein Gesicht vorhanden ist.

Wenn man am Ende der Analyse aus der Meditation über die Leerheit hervorkommt, unterscheidet man wieder die Erscheinungen von Tischen, Stühlen und Personen. Doch erscheinen diese Dinge nun in einem ganz anderen Licht, da man ja unmittelbar zuvor noch ihre Leerheit analysiert hat. Sie erscheinen gleichsam wie Illusionen, vielleicht vage, unbestimmt oder schimmernd.

Doch ist ein veränderter Bewusstseinszustand im Anschluss an eine Meditationssitzung noch nicht notwendigerweise ein Hinweis darauf, dass man zutreffend erkannt hat, in welcher Weise die Dinge Illusionen gleichen. Wie Tsong-kha-pa sagt: »Diese Art Erfahrung stellt sich bei jedem ein, der ein Verständnis der Madhyamaka-Lehren anstrebt und ein wenig von der Lehre vernimmt, die aufzeigt, dass den Dingen intrinsische Natur fehlt.« Er erklärt, dass sich diese Erfahrung sogar nach einer Meditation einstellen kann, in der Sie zu viel negiert haben:

> Wenn deine Analyse eines Objekts die Vernunft gebraucht, um es zu tilgen, dann denkst du zuerst: »Es ist nicht vorhanden.« Und wenn du dann schließlich den Analysierenden [dich selbst] auf dieselbe Weise siehst, dann gibt es nicht einmal jemanden, der diese Nichtexistenz feststellen könnte. Da dir keine Möglichkeit bleibt, zu bestimmen, was etwas ist und was nicht, kommt dir in der Folge alles Erscheinende vage und unklar vor.

Die illusionsgleiche Natur der Person wirklich zu verstehen, setzt sowohl eine vollständige und zutreffende Widerlegung der intrinsischen Natur der Person voraus, wie auch ein Verständnis, dass es eben diese Personen ohne intrinsische Natur sind, die Handlungen ausführen und deren Wirkungen erfahren. Mit anderen Worten: Die leere und illusionäre Person *existiert* und trifft Entscheidungen; sie handelt effektiv, um zu helfen oder zu schaden.

Identifizieren Sie das Objekt der Negation auch nur ein wenig falsch und negieren Sie zu viel, dann unterminieren Sie – während Ihr Verständnis dieser »Leerheit« immer stärker wird – Ihr Vertrauen in die Praxis der Tugenden wie Freigebigkeit, ethische Disziplin und Geduld. Um die Madhyamaka-Sicht wirklich zu entwickeln, brauchen wir ein sehr genaues Verständnis der Leerheit, und das bedeutet, sie in einer Weise zu verstehen, die ihre vollkommene Kompatibilität mit dem abhängigen Entstehen beinhaltet. Die Leerheit wirklich zu kennen ist somit keine Begegnung mit der Sinnlosigkeit. Sie gestattet uns vielmehr mit voller Gewissheit zu sehen, dass unsere Taten wichtig sind, dass das, was wir tun, einen Unterschied macht, insofern es als Bedingung für das fungiert, was sich in Zukunft ereignen wird.

Tsong-kha-pa erinnert uns daran, dass es eine große Herausforderung ist, diese Perspektive zu finden, und er gibt uns eine klare Anleitung, wie dabei vorzugehen sei:

> Mach dir eine klare Vorstellung von dem Objekt, das der Verstand widerlegen wird. Dann richte deine Aufmerksamkeit darauf, dass eine intrinsisch existierende Person, wenn es eine solche gäbe, nur entweder identisch mit oder verschieden von ihren Aggregaten sein könnte und dass diese beiden Positionen der Vernunft widersprechen. Festige schließlich deine Gewissheit, dass die Person auch nicht die geringste Spur intrinsischer Existenz aufweist. Übe dies oft, während der Phase der Meditation über Leerheit.

> Lasse sodann die konventionelle Person, die unleugbar in Erscheinung tritt, in deinem Geist aufsteigen. Wende deinen Geist dem abhängigen Entstehen zu, in dessen Kontext genau diese Person Karma ansammelt und die Folgen erfährt. Verschaffe dir Gewissheit darüber, wie abhängiges Entstehen ohne intrinsische Existenz möglich sein kann. Scheinen sie sich zu widersprechen, so denke darüber nach, dass sie nicht widersprüchlich sind, indem du dich eines Beispiels bedienst, etwa dem eines Spiegelbildes.

Wenn es uns scheint, als widerspreche die Leerheit von intrinsischer Existenz einer Person der Fähigkeit dieser Person, zu handeln und die Folgen des Handelns zu erfahren, lädt uns Tsong-kha-pa ein, ein Spiegelbild oder ein ähnliches Gleichnis zu verwenden, um Vertrauen in die vollkommene Vereinbarkeit dieser beiden Dinge zu entwickeln. Alsdann legt er genau dar, wie dieses Gleichnis funktioniert:

> Das Spiegelbild eines Gesichts ist unwiderlegbar eine Verbindung von (1) Leersein von Augen, Ohren und all dem, was darin erscheint, und (2) Entstehung in Abhängigkeit von einem Spiegel und einem Gesicht, wobei es zerfällt, sobald bestimmte dieser Bedingungen nicht mehr gegeben sind. In gleicher Weise weist die Person keine Spur intrinsischer Natur auf, häuft aber Karma an und erfährt die Folgen, und ist in Abhängigkeit von früherem Karma und Verblendungen entstanden.

Eine Person scheint äußerst klar und deutlich so, als sei sie von intrinsischer Natur, ganz so wie das Spiegelbild eines Gesichts klar und deutlich ein Gesicht zu sein scheint. Begegnet uns in einem äußerst sauberen Spiegel unerwartet ein Spiegelbild unserer selbst, so kommt es vor, dass wir für einen Moment erschrecken. Wir könnten dann den starken Eindruck haben, eine andere Person zu sehen. Diese Erscheinung einer Person ist zwar vollkommen falsch, aber das Spiegelbild existiert und hat als das, was es tatsächlich ist, auch seine Auswirkungen. Es entsteht, funktioniert und vergeht in Abhängigkeit von Bedingungen.

In gleicher Weise entbehrt auch die Person jeglicher Spur der intrinsisch existenten Natur, die unserem Geist so lebendig erscheint. Solch eine Natur ist unauffindbar, da sie vollkommen nicht existent ist, ganz so, wie sich ja auch im Spiegel keine tatsächliche Person befindet. Und ganz so wie ein Spiegelbild als bloßes Spiegelbild existiert, so existiert auch eine Person als bloße Person. Und es stellt sich heraus, dass dies genau die Art von Person ist, die man sein muss, um Entscheidungen zu treffen, zu handeln, sich zu verändern und der Welt Hilfe zu bringen.

Das *Sutra vom König der Konzentration* sagt:

> Wenn Spiegelbilder des Mondes des Nachts im klaren, reinen Wasser erscheinen, sind sie leer und nicht greifbar. Wisse, dass alle Phänomene so sind.
> Eine von Durst gequälte Person, zur Mittagszeit im Sommer auf der Reise, sieht Luftspiegelungen als Wasserbecken. Wisse, dass alle Phänomene so sind.
> Obgleich in einer Luftspiegelung keinerlei Wasser vorhanden ist, möchten verblendete Wesen es trinken. Wisse, dass alle Phänomene so sind.

Der Buddha ist kein Gott, der das große Gebot erlässt: Du sollst nicht greifen! Noch ist er ein Richter, der bereitsteht, jene zu bestrafen, die dieses Gebot verletzen. Vielmehr ist der Buddha unser spiritueller Heilkundiger, der uns einen Rat zur Gesundheit gibt. Ließe sich das Glück dadurch erlangen, dass wir nach den Dingen greifen, so bestünde kein Bedarf für den Buddhismus. Alle unsere unnötigen Leiden entstehen aber, weil wir ständig nach Dingen greifen, die tatsächlich vollkommen ungreifbar sind – da sie weder Mark, noch innersten Kern, noch feste Essenz aufweisen.

Was auf Wagen und Personen zutrifft, trifft auf alle Dinge zu, und zwar im selben Maße. Der Buddha betont die schmerzliche und traurige Vergeblichkeit unseres Anhaftens an Objekten, Menschen, Ideen, Erfahrungen und Wesenheiten, die schlichtweg *nicht* festgehalten werden *können*, ganz gleich wie fest sie ergriffen werden. Weil sie nicht über die Fähigkeit verfügen, sich selbst zu erzeugen und für sich zu existieren, sind wir und die Dinge um uns herum im Fluss, verwandeln uns im Wandel der Bedingungen. Bar jeder essenziellen Natur haben weder unser eigenes Selbst noch die Dinge um uns herum einen inneren Griff, an dem wir sie greifen und festhalten können. Wir haben Angst davor, diesem Mangel, dieser Leerheit gegenüberzutreten. Unsere Angst entsteht aus dem Greifen und sie nährt das Greifen, und auf diese Weise bauen wir ein Gefängnis für uns selbst. Indem wir der Tatsache der Leerheit aber mutig gegenübertreten, können wir unsere Angst, unseren Zorn, unsere Gier loslassen. Wir können frei sein.

Kernaussagen Kapitel 9

Madhyamaka-Analysen, die das Selbst bzw. intrinsische Natur widerlegen, beginnen mit der Identifikation des Selbst, dem Objekt, das es zu negieren gilt, und durchlaufen dann eine umfassende Liste möglicher Existenzweisen eines solchen Selbst, welche sie im Gegenzug sodann Punkt für Punkt widerlegen.

Als ein Beispiel für diese Argumentationsweise führt Tsong-khapa das »Fehlen von Gleichheit oder Verschiedenheit« an, das er zuerst auf einen Wagen, sodann auf die Person anwendet. Wiese ein Wagen intrinsische Natur auf – und würde er somit in Übereinstimmung mit seiner sinnlich vermittelten Erscheinungsweise existieren –, so müsste er entweder identisch mit oder intrinsisch verschieden von seinen Bestandteilen sein.

Ein Wagen kann zum einen nicht mit seinen Bestandteilen identisch sein, weil er ein Singular ist, sie hingegen ein Plural sind, zum anderen nicht, weil wir sagen, er habe seine Bestandteile. Kann der Besitzer das von ihm besessene Objekt sein? Andererseits kann er nicht intrinsisch verschieden von seinen Bestandteilen sein, denn dann ließe er sich getrennt von ihnen beobachten, ganz so, wie Pferde und Kühe getrennt voneinander beobachtet werden können.

Da sich dieselbe Form der Analyse auch auf die Person anwenden lässt, existiert auch sie nicht intrinsisch. Konventionell hingegen, als ein abhängig Entstehendes, existiert die Person sehr wohl. Jede Person ist einmalig und vermag als solche effektiv zu handeln, doch entspringt die Kraft zu solchem Handeln weder einem privaten Wesenskern, noch einer Essenz. Nur in Abhängigkeit von einem Netz sich ständig verschiebender Bedingungen existieren Personen und können handeln. Und dies ist nur möglich, weil sie von jeglicher festgelegten Natur leer sind.

Meditation – das meditative Durchlaufen von Argumentationsketten eingeschlossen – führt oft zu veränderten Bewusstseinsarten, in denen die Erscheinungen gleichsam durchlässig und leuchtend wirken. Tatsächliches Verstehen der illusionsgleichen Natur der Dinge aber stellt sich nur ein, wenn man zugleich mit der Erkenntnis der Leerheit versteht, dass eben jene leeren Personen handeln und die Folgen des Handelns erfahren.

Kapitel 10

Von der Analyse zur Einsicht[18]

Einsicht bedarf der Analyse

Tsong-kha-pa besteht darauf, dass nicht dualistische Einsicht in die Natur der Wirklichkeit auf einer sorgsamen und gründlichen Analyse der Existenzweise der Dinge basieren muss. Er zitiert ein Sutra, das beschreibt, wie die Einsicht von Bodhisattvas – während sie auf einspitziger Konzentration basiert – selbst einen analytischen, differenzierenden Geisteszustand darstellt:

> [B]etrachte nach innen gewandt und mit Unterscheidungsvermögen das geistige Bild, auf das du dich in der meditativen Konzentration auf die Themen, über die du reflektiert hast, ausrichtest (…) [J]egliche Differenzierung der Bedeutung dieser Themen, oder (…) gründliche Analyse, (…) Auffassung, oder Gedanke wird »Einsicht« genannt.

Tsong-kha-pa erzählt eine traditionelle Geschichte, in der Hashang Mahayana, der chinesische Meister, nachdem ihm diese Erklärung, der zufolge meditative Einsicht Dinge wie Analyse und Unterscheidung beinhalte, zu Gesicht gekommen ist, ausruft: »Wie das hier ein Sutra sein kann, möchte ich einmal wissen!« In seiner Frustration gab Ha-shang dem Text sodann einen Fußtritt.

Traditionellen tibetischen Berichten zufolge war der chinesische Meister Ha-shang Mahayana der Verlierer in einer Debatte des späten achten Jahrhunderts, die bestimmen sollte, ob Tibet den aus Indien eintreffenden buddhistischen Lehren oder denen aus China folgen würde. Ha-shang konnte es einfach nicht glauben, dass in irgendeinem Sutra meditative Einsicht mit Analyse gleichgesetzt werde, da seiner Überzeugung nach jedwedes begriffliche Denken eine verzerrende Vergegenständlichung darstellt. Um die Befreiung zu erlangen, so lehrte er, habe man alles analytische Denken aufzugeben und über die Wirklichkeit zu meditieren, ohne irgendetwas im Geist aufkommen zu lassen.

Innerhalb der *Großen Abhandlung* erscheint Ha-shang als stereotype Figur mit der Funktion, diese Perspektive zu repräsentieren. Tsong-kha-pa argumentiert, dass dieser falsche Zugang Ha-shang und jeden, der mit ihm einer Meinung ist, mit einer Vielzahl Sutras konfrontiert, denen sie einen Tritt geben müssten. Das *Sutra der Juwelenwolke* sagt:

> Geistesruhe ist einspitzige Aufmerksamkeit; Einsicht ist rechtes Unterscheiden. Auf der Grundlage echter Konzentration ist das Stabilisieren des Geistes Geistesruhe und die Weisheit, die Phänomene unterscheidet, ist Einsicht.

Somit ist die befreiende Einsicht, die uns auf den Pfad zur Freiheit bringt, keine geistesabwesende »verzückte Entrückung«, kein »Leeren des Geistes«. Sie ist präzise rigorose meditative Analyse, die falsche Erscheinungen durchbricht.

Tsong-kha-pa berichtet, der indische Gelehrte Kamalashila habe Ha-shang mithilfe eines genau passenden Zitats aus dem *Sutra vom König der Konzentration* in der Debatte widerlegt:

> Stellst du auf analytischem Weg das Fehlen eines Selbst in den Phänomenen fest,
> Und kultivierst du diese Analyse in der Meditation,
> Wird dies das Ergebnis bewirken, das Erlangen von Nirvana;
> Durch kein anderes Mittel gelangt man zu Frieden.

Kamalashila argumentiert:

> Sagst du, man solle an nichts denken, gibst du die Weisheit auf, deren Natur in korrektem analytischen Unterscheidungsvermögen liegt. Die Wurzel der erhabenen Weisheit ist korrektes analytisches Unterscheiden.

Rückzug ist nicht hinreichend

Ein sehr großer Abgrund klafft auf zwischen analytischen Argumentationen, wie sie im vorherigen Kapitel beschrieben wurden einerseits, und der direkten nicht dualistischen Erfahrung der Leerheit im Nirvana, wie sie ein Bodhisattva erlebt andererseits. Es ist klar, dass Ha-shang nicht der Einzige ist, der hierin eine unüberbrückbare Kluft sieht; er ist lediglich eine Figur, die eine extreme Form dieser Meinung zusammengefasst auf den Punkt bringt. Es scheint, als habe es lange nach Ha-shang – und sogar in Tsong-kha-pas Tagen und bis hinein in die Gegenwart – Tibeter gegeben, die lehrten: Weil die Erleuchtung nicht dualistisch und nicht begrifflich ist, muss sich die Form unserer Praxis von Anfang an möglichst genau an diesem Zustand orientieren. Aus ihrer Perspektive zieht jede Praxis, die analytisches Suchen nach einem philosophischen Verständnis der Wirklichkeit beinhaltet, nur weitere Verstrickung in diskursivem und dualistischem Denken nach sich. Stattdessen sollten wir also unseren Geist in einem von jeglichem Denken freien Zustand festigen. Versetze man den Geist in einen Zustand, so argumentieren sie, in dem er keinerlei Objekte mehr wahrnimmt, richte man ihn an der endgültigen Wirklichkeit aus, da angesichts der Leerheit nichts existiere.

Tsong-kha-pa ist fest entschlossen, diesen Zugang mitsamt allen seinen Varianten zu widerlegen. Hat dieser Meditierende, der seinen Geist in einen von Gedanken freien Zustand versetzt, zuvor die Idee verstanden, dass dieser objektlose Zustand seinen Geist mit der endgültigen Wirklichkeit in Einklang bringen wird? Ist dies der Fall, dann hat er, so Tsong-kha-pa, eine philosophische Sicht studiert und angenommen – nämlich die Nichtexistenz von allem – und sodann in Übereinstimmung hiermit meditiert. Es ist also nicht wirklich der Fall, dass er keinerlei Analyse ausführt. Vielmehr ist ihm in seiner Analyse ein Fehler unterlaufen und er hat zu viel negiert.

Dass sich »angesichts der Leerheit« kein Objekt auffinden lässt, ist in dem Sinne wahr, dass nichts, wonach man mittels endgültiger Analyse sucht, auffindbar ist. Dies bedeutet jedoch keineswegs, dass der Geist endgültiger Weisheit kein Erkenntnisobjekt hätte. Er erkennt die Leerheit, die vollkommene Abwesenheit intrinsischer Natur. Wie oben erörtert existiert Leerheit. Sie ist ganz und gar kompatibel mit abhängigem Entstehen und allen konventionellen Wahrheiten.

Als Reaktion beharren diese Lehrer ganz einfach darauf, dass alles begriffliche Denken – über die Leerheit oder irgendetwas anderes – mit dualistischen Verdinglichungen beladen sei und uns aufgrund dessen an den Daseinskreislauf fessele. Sie unterscheiden nicht zwischen korrekten Gedanken und falschen Gedanken, da schließlich alles Denken dualistisch sei und weiter Verdinglichungen mit sich bringe. Befreiung werde erlangt, indem man den Geist in eine nicht begriffliche Schwebe versetze.

Tsong-kha-pa zeigt nicht nur, dass dies im Widerspruch zu Schriften wie den oben zitierten steht, sondern bringt zudem ein Argument vor, das Kamalashila gegen Ha-shang gebraucht hatte: Die Praxis der Großzügigkeit, des Mitgefühls, der Gewaltlosigkeit und vieler anderer Aspekte des Mahayana-Pfades würde dadurch unmöglich gemacht. Das Kultivieren dieser Tugenden ist entscheidend für den Bodhisattva-Pfad, so wie er in vielen Schriften beschrieben wird, und es verlangt, dass man andere Wesen und ihre Bedürfnisse in Betracht zieht. Wie in Kapitel 3 angemerkt, wird vollkommene Erleuchtung durch die Synergie von Weisheitspraxis und Praxis der Tugenden zur Entwicklung von Verdienst bewirkt. Vertritt man nun die Auffassung, Weisheit lösche jegliches gedankliche Sicheinlassen mit anderen lebenden Wesen aus, dann kann man die Tugenden eines erleuchteten Buddhas nicht erlangen.

Eine Version dieser »Keine Gedanken«-Lehre vergleicht die Art, wie der diskursive, begriffliche Geist seinem Objekt folgt, mit dem Werfen eines Balls. Hat ein Gedanke nach einem Objekt gegriffen, könnten wir Analyse einsetzen, um den dualistischen Fabrikationen des Geistes nachzujagen und zu versuchen, sie zu erhaschen, ganz wie ein Hund, der einem Ball hinterherrennt. Besser wäre es aber, den Geist anzuhalten, bevor er die Verfolgung des Objekts aufnimmt – so wie ein Hund emporspringt und sich einen Ball schnappt, noch bevor er geworfen werden kann. Dieser Sicht zufolge sind »jene, die unter Zuhilfenahme von Schriften und Argumentationen zur Bestimmung der Sicht praktizieren« Anhänger einer niederen Praxis, die nicht zur endgültigen Wirklichkeit vordringe, weil sie die Probleme nicht an der Wurzel zu fassen vermag – die endlose Ausarbeitung dualistischer Begriffe durch den Geist.

Natürlich argumentiert Tsong-kha-pa, dass es nicht das begriffliche Denken *per se* ist, was Probleme bereitet, sondern die zutiefst falsche Verdinglichung von Objekten als intrinsisch existierend. Der Einfluss dieser *besonderen* falschen Vorstellung sei sowohl in der gewöhnlichen Wahrnehmung wie auch im gewöhnlichen Denken präsent, doch sei der Fehler selbst einer, der durch sorgfältiges Argumentieren auf der Grundlage definitiver Schriften widerlegt werden könne und müsse.

Tsong-kha-pa räumt ein, dass diejenigen, die ihren Geist in nicht begrifflichen Zuständen verweilen lassen, währenddessen die Dinge nicht als intrinsisch existent wahrnehmen. Sie erkennen aber auch nicht, dass intrinsische Existenz falsch ist. Sie praktizieren also keinen Pfad, der sie befreien wird. Wenn sie aus der Meditation herauskommen, geraten sie bald wieder in den Bann der immer noch unwiderlegten falschen Vorstellung intrinsischer

Existenz. Tsong-kha-pa gibt nun, mit Bezug auf das intrinsisch existierende Selbst der Person und das intrinsisch existierende Selbst anderer Phänomene, diesen Rat:

> Du musst unterscheiden zwischen (1) *nicht Nachdenken über die wahre Existenz* oder die Existenz der beiden Formen des Selbst und (2) *dem Erkennen des Mangels wahrer Existenz* oder der Nichtexistenz der beiden Formen des Selbst. Merke dir diesen entscheidenden Punkt.

Es reicht nicht aus, über ein Problem nicht nachzudenken. Wir müssen die Wahrheit kennen.

Wäre der schlichte Rückzug des Geistes aus dem Denken ein Pfad zur Befreiung, dann würden Menschen zu Buddhas, indem sie in Ohnmacht oder in einen Tiefschlaf fallen. Lehrer könnten sich eines flinken Faustschlages mit der Rechten auf den Unterkiefer bedienen, um eine vermeintliche »objektlose« Bewusstheit in ihren Studenten hervorzurufen. Alles Denken zu unterlassen ist aber nichts anderes, als den Kopf in den Sand zu stecken oder angesichts einer Gefahr die Augen zu schließen.

Anstatt in der Verleugnung zu leben, müssen wir uns mit unserer falschen Art zu denken konfrontieren, sie direkt angehen und, indem wir Analyse gebrauchen, zur absoluten Gewissheit gelangen, dass sie falsch ist. Die Buddhas werden auch »Sieger« genannt, weil sie dem Feind der Unwissenheit entgegengetreten sind und ihn mit der Waffe der analytischen Weisheit vollkommen überwunden haben. Rückzug aus allem Denken ist nicht bloß feige, sondern letztlich vergebens und zum Scheitern verurteilt.

Geistesruhe auf dem Pfad der Weisheit

Die anfängliche Erkenntnis der Leerheit besteht in einer tiefen Gewissheit, zu der man durch den analytischen, introspektiven meditativen Prozess, den wir beschrieben haben, gelangt. Zwar ist dies eine sehr machtvolle Erfahrung, doch handelt es sich nur um ein begriffliches und somit dualistisches Verständnis. Nirvana wird nur durch direkte, nicht begriffliche, nicht dualistische Erfahrung der Leerheit erlangt. Wie aber gelangt man vom einen zum anderen?

Um durch Verfeinerung eines begrifflichen und somit dualistischen Verständnisses der Leerheit zu einer befreienden nicht dualistischen Erfahrung zu gelangen, bringen Bodhisattvas die Kraft der Geistesruhe zum Einsatz, eine kraftvolle Konzentration, die in der stabilisierenden Meditation entwickelt wird. Geistesruhe ist ein Zustand, in dem Geist und Körper im Zuge der stabilen und einspitzigen Fokussierung des Geistes auf sein Objekt geschmeidig geworden ist. Auf ein Konzentrationsobjekt gerichtete einspitzige Versenkung schwächt den gewöhnlich vorherrschenden dualistischen Eindruck von Subjekt und Objekt. Geschmeidigkeit heißt, dass Geist und Körper zu Diensten stehen, dem Willen gehorchen. Es gibt keinen Widerstand gegen die Praxis mehr. Die Ausrichtung des Geistes auf ein tugendhaftes Objekt ist freudvoll, der Körper fühlt sich leicht und lebendig an (Band III, Seiten 81-84).

Beim Entwickeln der Geistesruhe kommen Achtsamkeit (das Ausrichten der Aufmerksamkeit auf ein Objekt) und Wachsamkeit (ein wachsames Beobachten der Achtsamkeit, die überprüft, ob die Aufmerksamkeit nachlässt) zum Einsatz, um den Geist zu fokussieren und die Aufmerksamkeit klar und ununterbrochen stabil zu halten, ohne jede Ablenkung. Schließlich stabilisiert sich der Geist und ruht auf natürliche Weise dort, worauf man ihn richtet. Entwickelt sich diese Praxis bis zu dem Grad, an dem Ihr Körper und Ihr Geist geschmeidig und freudvoll verweilen, haben Sie Geistesruhe erlangt. Der tibetische Ausdruck für Geistesruhe (*zhi gnas*) suggeriert ein *Zur-Ruhe-Kommen* (*zhi*) der geistigen Bewegung in Richtung ablenkender äußerer Objekte und ein *Verweilen* (*gnas*) auf dem inneren Meditationsobjekt.

Bodhisattvas müssen auf jeden Fall lernen, ihren Geist in dieser Form zu fokussieren, denn so entsteht die geistige Kraft, durch die sie von der diskursiven Analyse der Wirklichkeit zur direkten, nicht dualistischen Erkenntnis gelangen. Haben sie Geistesruhe in Bezug auf ein Objekt erlangt und in einem davon getrennten Prozess Leerheit mittels Analyse erkannt, lernen Bodhisattvas sodann, die Leerheit selbst, die in der Analyse erlangte Schlussfolgerung, als Objekt ihrer einsgerichteten Aufmerksamkeit zu benutzen. Auf Leerheit fokussierte Geistesruhe ist noch immer ein begrifflicher Geist. Dies ist der Fall, weil Leerheit, nachdem sie durch schlussfolgernde Analyse erkannt wurde, dem Geist des Bodhisattva als begriffliche Repräsentation erscheint. Dieses Bild, diese Idee der Leerheit, wird sodann zum meditativen Kristallisationspunkt der Geistesruhe.

Sich auf die Einsicht vorbereiten

Es kann geschehen, dass jemand zuerst die Leerheit analysiert und sogar erfährt und sich erst im Anschluss daran anschickt, Geistesruhe zu erlangen; ebenso ist es möglich, Geistesruhe zu erlangen, ohne zuvor die Leerheit erfahren zu haben. In jedem Fall ist von umfassender analytischer Meditation abzusehen, während man daran arbeitet, die Geistesruhe zum ersten Mal zu verwirklichen. Dies ist zu beherzigen, weil die diskursive Bewegung des Geistes von Objekt zu Objekt im Vorgang der Analyse sich von der nicht diskursiven Stabilität einsgerichteter Konzentration auf ein einziges Objekt stark unterscheidet. Tsong-kha-pa sagt:

> Es ist unmöglich, Geistesruhe zu erlangen, wenn du wiederholt zwischen Analyse und postanalytischer Stabilisierung hin und her wechselst, bevor du zur Einsicht gelangt bist.

Ist jedoch Geistesruhe einmal erlangt, muss man zur Praxis der analytischen Meditation zurückkehren, und immer wieder die Argumentationen durchgehen, mit denen bewiesen wird, dass alle Dinge leer von intrinsischer Existenz sind.

Tsong-kha-pa betont, dass man wahre Einsicht nicht einfach dadurch entwickeln kann, dass man die Leerheit einmal in der Analyse erkennt und im Anschluss daran die Meditation der Geistesruhe praktiziert, indem man den Geist auf diese Schlussfolgerung gerichtet stabilisiert. Vielmehr müsse man sein Verständnis der Leerheit durch wiederholte Rückkehr zur Analyse aufrechterhalten, wobei man unterschiedliche Argumentationswege beschreiten und diese immer wieder durchgehen müsse. Auf diese Weise mache man sich tief mit der unumstößlichen Erkenntnis vertraut, dass die Dinge leer sind. Tsong-kha-pa sagt: »Gewissheit hinsichtlich der Sicht wird umso stärker, länger anhaltend, klarer und stabiler, je mehr wir uns mit dem Festgestellten vertraut machen.« Einsicht ist unmöglich, solange Leerheit etwas bleibt, das zu einem Zeitpunkt in der Vergangenheit analysiert wurde und im weiteren Verlauf als etwas erinnert wird, das einmal erkannt wurde. Tsong-kha-pa sagt:

> Hast du [die Sicht der Leerheit] einmal festgelegt, analysierst du sie immer wieder unter Einsatz der unterscheidenden Weisheit. Ohne die Sicht aufrechtzuerhalten, bewirkt stabilisierende Meditation alleine noch keine Einsicht. Meditierst du also, nachdem du die Geistesruhe erlangt hast, musst du die Sicht durch fortgesetzte Analyse stützen.

Für Tsong-kha-pa ist es besonders wichtig, zu betonen, dass unterscheidende Analyse ein entscheidender und auf lange Sicht unabdingbarer Teil der Meditationspraxis eines Übenden ist. Man betreibt sie also nicht nur anfangs, bis man auf die Leerheit fokussierte Geistesruhe erlangen kann. Tsong-kha-pa zeigt auf, dass diese Auffassung in den Abhandlungen Kamalashilas, Chandrakirtis, Bhavavivekas und Shantidevas unterstützt wird. Bhavaviveka beispielsweise erklärt Meditation über Leerheit als eine auf der Grundlage zuvor erlangter geistiger Stabilität gründende Untersuchung der Frage, wie die Dinge existieren: »Nachdem dein Geist ins Gleichgewicht gebracht ist, untersucht die Weisheit auf diese Weise (...)«. Dies heißt jedoch keineswegs, dass vor Erlangen der Geistesruhe die Leerheit nicht analysiert wird – natürlich geschieht das. Betont wird jedoch die Wichtigkeit der *fortgesetzten* Analyse, auch nach Erlangen der Geistesruhe. Die Reihenfolge der Sechs Vollkommenheiten, in der meditative Stabilisierung der Weisheit vorausgeht, hebt diesen wichtigen Punkt ebenfalls hervor.

Andererseits wird es nicht funktionieren, nach Erlangen von Geistesruhe ausschließlich analytische Meditation zu praktizieren. So wie die Kraft Ihrer Gewissheit der Leerheit schwächer wird, wenn sie nicht durch wiederholte Analyse gestützt wird, lässt auch die Stärke der Geistesruhe nach, wird sie nicht immer wieder durch die Praxis stabilisierender Meditation aufgefrischt. Also gilt es zwischen der Praxis stabilisierender Meditation zur Stärkung der Geistesruhe und analytischer Meditation zum Entwickeln der Weisheit abzuwechseln. Dies ist der Pfad, der zur höchsten Einsicht führt. Tsong-kha-pa rät:

> Du praktizierst abwechselnd (1) das Entwickeln von Gewissheit, tiefer Gewissheit, dass sich in jedem erdenklichen Ding oder Nichtding kein Quäntchen wahrer Existenz findet, und (2) Stabilisierung des auf die hierdurch erlangte Schlussfolgerung gerichteten Geistes.

Man muss ein Gleichgewicht zwischen Geistesruhe und Analyse schaffen, zwei Formen der Praxis, die oberflächlich betrachtet nicht im Einklang miteinander stehen. Es bedarf der Analyse, um in die Natur der Dinge zu schauen, doch schwächt zu viel Analyse die Stabilität des Geistes. Es bedarf der mit der Geistesruhe einhergehenden Stabilität, um dem Geist gebündelte Kraft zu verleihen, doch kann man sich nicht erlauben, so sehr in seinem Objekt aufzugehen, dass man vergisst, Analyse zu gebrauchen, um die Gewissheit seiner Einsichten hinsichtlich der Natur der Wirklichkeit zu erneuern. Schwächt zu viel Analyse die Geistesruhe, so erklärt Kamalashila, wird der Geist wie eine Flamme im Wind. Er flackert, verliert seinen Brennpunkt und sieht die Wirklichkeit nicht mehr in aller Klarheit. Übt man andererseits zu viel auf Leerheit gerichtete Geistesruhe, ohne seine Gewissheit hinsichtlich der Leerheit durch weitere Analyse aufzufrischen, wird man »die Wirklichkeit nicht klar sehen – so wie eine Person im Schlaf«. Die Stabilität des Geistes also ist zwar stark, die Klarheit des Objekts Leerheit hingegen wird schwächer, da sie nicht durch weitere Analyse aufgefrischt wird.

Einsicht

Nach langer Praxis *führt* die analytische Weisheit des Bodhisattva selbst spontan den freudvollen und geschmeidigen Zustand der Geistesruhe *herbei*. Der Ausdruck »Einsicht« (*lhag mthong*) bezeichnet eine analytische Weisheit, die – mühelos und ohne Unterbrechung innerhalb einer Meditationssitzung – auf das analysierte Objekt gerichtete Geistesruhe herbeiführt. Wortwörtlich bedeutet Einsicht eine höhere oder besondere (*lhag pa*) Art des Sehens (*mthong*). Die Praxis, in der tiefe analytische Einsicht auf natürliche Weise Geistesruhe aufkommen lässt, heißt *die Einheit von Geistesruhe und Einsicht.*

Die Einheit von Geistesruhe und Einsicht ist ein Verschmelzen von analytischer Kraft und höchster einspitziger Fokussierung. Es ist ein Geist, der sein Objekt kraftvoll und analytisch erkennt, ohne dabei etwas von seiner Geschmeidigkeit und Einspitzigkeit einzubüßen. Tsong-kha-pa sagt, man solle sich dies nicht vorstellen als »einen kleinen Fisch, der unter einer klaren Wasseroberfläche schwimmt, ohne sie zu stören«. Dieses eindrückliche Bild lässt vermuten, dass einige Tibeter die Einheit von Geistesruhe und Einsicht als einen zusammengesetzten Geisteszustand erklärt haben, wobei nur ein kleiner Teil des Geistes mit durchdringender Analyse beschäftigt ist, ohne dabei den großen Ozean des Geistesfriedens zu stören. Im Gegensatz hierzu sieht Tsong-kha-pa sie als einen mit allen Fähigkeiten versehenen, aktivierten analytischen Geist, der sein Objekt mit einsgerichteter, einem Laser vergleichbaren Fokussierung durchdringt.

Analytische Weisheit heißt erst ab dem Punkt Einsicht, von dem ab sie es vermag, Geistesruhe herbeizuführen. Hat sie diesen Punkt noch nicht erreicht, gilt analytische Weisheit als »eine Annäherung an die Einsicht«. Deshalb ist es nicht der Fall, dass man zunächst wahre Einsicht erlangt, und diese dann, nach geraumer Zeit der Praxis, mit der Geistesruhe verbindet. Tsong-kha-pa sagt: »Diese Einheit wird erlangt, sobald die Einsicht entstanden ist.« Analytische Weisheit ist dann wahre Einsicht, wenn sie innerhalb derselben Meditationssitzung Geistesruhe herbeiführt und mit ihr verschmilzt.

Zwar geht es uns hier um die *endgültige* Natur der Phänomene und die hierauf gerichtete Geistesruhe, doch mag sich die Feststellung lohnen, dass Geistesruhe und Einsicht jeweils entweder auf die endgültige Natur aller Phänomene (Leerheit), oder auf ein konventionelles Meditationsobjekt gerichtet werden können. Der Terminus »Einsicht« kann unter Umständen auf analytische Weisheit hinweisen, die ein konventionelles Objekt wie etwa die Unbeständigkeit erkennt, solange diese Weisheit auf dieses Objekt fokussierte Geistesruhe zu induzieren vermag.

Das Erlangen von Einsicht in die Leerheit ist ein entscheidender Schritt vorwärts auf dem Pfad. Unsere Erkenntnis der endgültigen Wirklichkeit wird mit der außergewöhnlichen Kraft meditativer Geistesruhe verbunden. Und doch ist Einsicht in diesem Stadium ein begriffliches Wissen von der Leerheit. Sie ist in dem Sinne dualistisch, als der Geist ein Bild oder eine Idee der Leerheit wahrnimmt und sich darauf konzentriert. In diesem Stadium kennt der

Bodhisattva Leerheit, wie sie ihm durch das Medium dieses geistigen Bildes vermittelt wird. Kann ein begriffliches Verständnis von etwas, wie tief es auch immer sein mag, den Weg für eine nicht dualistische Wahrnehmung desselben Objekts bereiten?

Eine der zentralen Botschaften in Tsong-kha-pas *Großer Abhandlung* ist, dass die Antwort hierauf lautet: »Ja, absolut, vorausgesetzt, du weißt, was du tust. Überdies hast du nur dann irgendeine Chance, die endgültige Wirklichkeit auf eine direkte, nicht dualistische Weise jemals kennenzulernen, wenn du erst einmal mit begrifflicher Analyse beginnst.« Um dies zu belegen, zitiert Tsong-kha-pa den Buddha, der im *Sutra vom Kashyapa-Kapitel* lehrt:

> Kashyapa, es ist so. Werden beispielsweise zwei Bäume im Wind aneinandergerieben und entsteht hieraus ein Feuer, so brennen die beiden Bäume nieder. In eben dieser Weise, Kashyapa, entsteht Weisheit in einem edlen Wesen, wenn es über korrektes analytisches Unterscheidungsvermögen verfügt. Durch ihr Entstehen aber verbrennt die korrekte analytische Unterscheidung selbst.

Mit anderen Worten lässt kraftvolle und korrekte Analyse der Leerheit, obschon begrifflich und dualistisch, den endgültigen Geist entstehen – nicht begriffliche, direkte Wahrnehmung der Leerheit. Solch eine direkte Erkenntnis ist vollkommen nicht dualistisch. Im Feuer dieser Weisheit wird der ganze Dualismus der ursprünglichen Analyse verbrannt.

Manch einer mag einwenden, dies sei widersprüchlich, da hier ein Mangel an harmonischer Übereinstimmung von Ursache – dualistische Analyse – und Wirkung – nicht dualistische Weisheit – vorliege. Tsong-kha-pa legt dar, wie sich Wirkungen oftmals stark von ihren Ursachen unterscheiden. Feuer ist nicht wie Rauch. Ein graues Saatkorn ähnelt nicht dem grünen Sprössling. Zudem stehen in diesem Falle Ursache und Wirkung ganz im Einklang in dem Sinne, dass beide Formen der Weisheit darstellen, welche die Leerheit von intrinsischer Natur erkennt.

Um diesen Punkt zu untermauern, zitiert Tsong-kha-pa noch einmal einen Abschnitt aus dem *Sutra vom König der Konzentration*. In gewisser Hinsicht lässt sich der gesamte Abschnitt zum Thema Einsicht in der *Großen Abhandlung* als eine ausführliche Darlegung dieses eindrücklichen Stückes aus den Schriften verstehen:[20]

> Stellst du auf analytischem Weg das Fehlen eines Selbst in den Phänomenen fest,
> Und kultivierst du diese Analyse in der Meditation,
> Wird dies das Ergebnis bewirken, das Erlangen von Nirvana;
> Durch kein anderes Mittel gelangt man zu Frieden.

Eine umfassende Praxis

In diesem Buch haben wir in bescheidenem Umfang erklärt, was Tsong-kha-pa in der Abteilung zum Thema Einsicht der *Großen Abhandlung* lehrt. Würden wir nur das hier Dargestellte erwägen, versetzt uns das zwar in eine gute Ausgangsposition, um Tsong-kha-pas Ideen zur Meditation über die Leerheit zu verstehen, doch würde es die Botschaft von Tsong-kha-pas Lehre in ihrer Gesamtheit verzerren. Ein absolut entscheidender Punkt für Tsong-kha-pa – ein Punkt, der dem Gesamtkonzept und dem Entwurf der *Großen Abhandlung* zugrunde liegt – besteht darin, dass man nicht auf das zueilen solle, was man für die »höheren Praxisformen« hält, und dabei die grundlegenden Übungen vernachlässigt, die das Fundament des Pfades bilden. Mit Tsong-kha-pas Worten:

> Manche sagen, man solle seine Energien lediglich einsetzen, um den Geist zu stabilisieren und die Sicht zu verstehen, wobei alle früheren Themen zu ignorieren seien, doch

> wird es dadurch sehr schwierig, die zentralen Punkte zu erfassen. Deshalb musst du zu Gewissheit über den gesamten Verlauf des Pfades gelangen.

Tsong-kha-pa rät, ein jeder müsse mit den grundlegenden Praktiken beginnen und dann zu fortgeschritteneren Übungen übergehen. Auch sei es vonnöten, während man bereits neue und höhere Praktiken aufgenommen hat, frühere Meditationen erneut zu praktizieren und so stetig »zurückzukehren, um den Geist ins Gleichgewicht zu bringen«. Auch lange nach den ersten Erfolgen in grundlegenden Übungen sollte man zu ihnen zurückkehren, um etwa das Vertrauen in den spirituellen Lehrer, das Verständnis von Unbeständigkeit, von Karma und Ethik, die Ernüchterung im Hinblick auf den Daseinskreislauf, das Einhalten von Gelübden und Verpflichtungen und das Bemühen um Erleuchtung zum Wohl aller Lebewesen zu erneuern, zu stützen und zu bekräftigen.

Tsong-kha-pa beschließt die *Große Abhandlung*, indem er darauf besteht, dass jeder in den Pfad des Vajrayana – also in die buddhistische Tantra-Praxis – eintreten muss. Doch hat dies erst zu erfolgen, »nachdem du die Pfade, die Sutra und Mantra gemeinsam sind, geübt hast«. Mit anderen Worten stellen alle wichtigen Elemente der allgemeinen Mahayana-Praxis, wie sie in der *Großen Abhandlung* als Ganzes dargestellt werden, Grundlagen dar, ohne die man für die spezifischen Praktiken des Tantra nicht geeignet ist. Tsong-kha-pa lehrt uns, dass wir unser Leben sinnvoll verbringen, wenn wir – sobald die geeignete Grundlage vorhanden ist – ins buddhistische Tantra eintreten und es praktizieren. So bringen wir allen Glück, indem wir den Nutzen der Buddhalehre in unserem eigenen Geist verankern und im Leben anderer.

Kernaussagen Kapitel 10

Nirvana lässt sich nur verwirklichen, wenn zunächst das Fehlen eines Selbst festgestellt und die in diese Feststellung mündende Analyse sodann kultiviert wird. Den Geist in einen nicht begrifflichen Zustand zurückzuziehen, der vorübergehende Freiheit von manifesten Formen der Unwissenheit bietet, ist in diesem Kontext nicht hilfreich.

Auf die Leerheit gerichtete diskursive Analyse bereitet auf die nicht dualistische Erfahrung von Nirvana vor, ist jedoch von dieser ganz und gar verschieden. Will man die Kluft überwinden, so gilt es, die unterscheidende Kraft analytischer Weisheit mit der Stabilität und dem Konzentrationsvermögen der Geistesruhe zu verbinden.

Von Geistesruhe spricht man, wenn Geist und Körper bei einspitziger und vollkommen klar auf ein Objekt gerichteter Konzentration geschmeidig – gefügig und unmittelbar reagierend – geworden sind. Sie wird entwickelt durch die Praxis achtsamer Aufmerksamkeit auf ein gewähltes Objekt, wobei jegliche Ablenkung oder schon das geringste Wanken in der Stabilität und Klarheit des Geistes bemerkt wird.

Nachdem sie zunächst Geistesruhe und das unterscheidende Erkennen der Leerheit separat entwickelt haben, wechseln Bodhisattvas zwischen (1) Übungsperioden der Stabilisierung des Geistes in auf Leerheit gerichteter Geistesruhe und (2) Übungsperioden der Wiederauffrischung des scharfen unterscheidenden Erkennens der Leerheit durch weiterführende diskursive Analyse.

Ruft die Analyse selbst spontan Zustände der Geistesruhe hervor, so spricht man im Falle einer solchen Weisheit, in der die Kräfte der Unterscheidung und der Geistesruhe verschmolzen sind, von Einsicht. Einsicht ist ein mit allen Fähigkeiten ausgestatteter und vollkommen aktivierter analytischer Geisteszustand, der sein Objekt mit einsgerichteter, gleich einem Laser gebündelter Fokussierung durchdringt.

Einsicht ist noch immer ein begriffliches Erkennen der Leerheit, da sie durch eine bildhafte Vorstellung von der Leerheit, die dem Geist erscheint, vermittelt wird. Da der Geist hierbei aber die endgültige Wirklichkeit tief durchdringt und dabei konstant und klar fokussiert bleibt, führt diese Praxis zur nicht dualistischen Erfahrung von Nirvana.

Meditation über die Leerheit muss mit zahlreichen anderen Praktiken einhergehen, um als geeignete Basis für den Eintritt in die Praxis des Tantra bzw. des Vajrayana dienen zu können.

Glossar: Begriffe und Namen[21]

Abhängiges Entstehen (*rten 'byung*) – die elementare Lehre, der zufolge »in Abhängigkeit von diesem, jenes entsteht«, die das Herzstück des Dharma darstellt. Da nichts in und aus sich selbst heraus existiert, sind alle existierenden Dinge abhängig Entstehende. Ein wichtiger Fall abhängigen Entstehens ist das Entstehen des Daseinskreislaufs in Abhängigkeit von Unwissenheit, Karma und anderen miteinander verbundenen Bedingungen.

Achtsamkeit (*dran pa*) – Nichtvergessen des Objekts, dem man sich zugewandt hat; besonders auch geistige Fokussierung, die sich durch Nichtabgelenktsein vom Meditationsobjekt auszeichnet.

Aggregat (*phung po*) – die fünf Aggregate sind die geistigen und körperlichen Bestandteile eines Lebewesens: Form, Empfindung, Unterscheidung, Gestaltungsfaktoren und Bewusstsein.

Analyse (*dpyad pa*) – Gebrauch der Vernunft, um Nachforschungen über ein Objekt anzustellen oder zu einem tieferen Verständnis desselben zu gelangen.

Analytische Meditation (*dpyad sgom*) – Meditation, die sich der Vernunft bedient, um zu einem tieferen Verständnis eines Objekts zu gelangen.

Aryadeva – indischer Gelehrter und Autor von Madhyamaka-Abhandlungen; ein früher Anhänger Nagarjunas; er wird auch als dessen spiritueller Sohn bezeichnet.

Begrifflicher Gedanke (*rtog pa*) – ein Bewusstsein, das sein Objekt vermittelt durch ein das Objekt allgemein repräsentierendes geistiges Bild konstruiert – im Unterschied zur direkten Wahrnehmung, der ein Objekt direkt erscheint.

Bewusstsein (*shes pa*) – das, was klar und erkennend ist. Die subjektive Erfahrung eines Objekts; synonym mit Gewahrsein (*sems*) und Geist (*blo*).

Bhavaviveka – indischer Gelehrter und Autor von Madhyamaka-Abhandlungen, der als brillanter Logiker bekannt wurde. Seine

Kritik an Buddhapalitas Nagarjuna-Auslegung begründet das Svatantrika-System.

Bodhisattva (*byang chub sems dpa'*) – eine Person auf dem Pfad, um ein vollkommen erleuchteter Buddha zu werden. Im Besonderen eine Person, die den Erleuchtungsgeist – den Wunsch, Buddhaschaft zu erlangen, um optimal in der Lage zu sein, allen Lebewesen zu helfen – stabil in sich entwickelt hat.

Buddha (*sangs rgyas*) – bezieht sich in diesem Buch auf jeden Höheren Buddha, d. h. auf jede Person, die höchste und vollkommene Erleuchtung auf dem Mahayana-Pfad erlangt hat. Der Ausdruck »der Buddha« verweist speziell auf Shakyamuni Buddha, den historischen Begründer des Buddhismus.

Buddhapalita – Autor eines wichtigen frühen Kommentars zu Nagarjunas *Grundlegenden Abhandlung*. Nachträglich wird er als Prasangika-Madhyamika angesehen.

Chandrakirti – indischer Autor zahlreicher bedeutender Madhyamaka-Texte, einschließlich eines Kommentars zu Nagarjunas *Grundlegender Abhandlung*, in dem er Buddhapalita gegen Bhavaviveka verteidigt und so die Prasangika-Tradition begründet.

Daseinskreislauf (*'khor pa, srid pa*) – der Zustand aller Lebewesen, die keine Befreiung erlangt haben. Wir sind in einem anfanglosen Kreislauf von Geburt, Tod und Wiedergeburt gefangen, den unsere Taten und Geistestrübungen bedingen.

Dharma (*chos*) – die Lehre des Buddha. Bezieht sich auf die Gesamtheit der Lehren; da der Buddha aber die Wirklichkeit und Wahrheit der Dinge lehrte, wird der Terminus auch im Sinne der letztendlichen Wirklichkeit verwendet.

Diskursiver Geist (*rtog pa*) – ein denkender Geist; d. h. ein begriffliches Bewusstsein, worin der Geist nicht einspitzig ausgerichtet ist, sondern von Objekt zu Objekt wandert. Abhängig vom Kontext kann derselbe tibetische Ausdruck auch auf begriffliches Bewusstsein schlechthin verweisen, obwohl nicht alle begrifflichen Bewusstseinszustände diskursiv sind. So ist etwa auf die Leerheit gerichtete Geistesruhe, die dem Erlangen von Nirvana vorausgeht, zwar begrifflich, aber nicht diskursiv.

Einheit von Geistesruhe und Einsicht (*zhi lhag zung 'brel*) – ein meditativer Zustand, in dem analytische Weisheit direkt Geistesruhe bewirkt und mit ihr verschmilzt.

Einsicht (*lhag mthong*) – analytische Weisheit, die meditative Geistesruhe direkt herbeiführt und mit ihr verschmilzt.

Endgültige Wahrheit (d*on dam bden pa*) – das Objekt eines die letzte Natur der Dinge erkennenden Geistes – Leerheit.

Endgültiger Geist (*don dam pa'i blo*) – Bewusstsein, das die letztendliche Natur eines Objekts versteht.

Erleuchtung (*byang chub*) – die Vollendung des spirituellen Weges im Buddhismus, ein Zustand tiefen Erwachens. Buddhas, die den Mahayana-Pfad vollendet haben, erlangen höchste, vollkommene Erleuchtung.

Essenz (*rang gi ngo bo nyid*) – »Selbstexistenz«, bzw. intrinsische Identität. Leerheit bedeutet, dass die Dinge frei von jeglicher Existenz auf der Grundlage einer essenziellen oder intrinsischen Natur sind.

Falsches Bewusstsein (*log shes*) – ein Geist, der sich hinsichtlich seines Hauptobjekts im Irrtum befindet; zum Beispiel der Gedanke, es stünden zwei Monde am Himmel anstelle von einem.

Fehlen von Gleichheit oder Verschiedenheit (*gcig du br*al) – das Argument, dem zufolge etwas nicht intrinsisch existiert, da es weder gleich mit, noch verschieden von seinen Teilen ist.

Fehlerhaftes Bewusstsein (*'khrul shes*) – ein Bewusstsein, dessen Objekt durch eine falsche Erscheinung vermittelt wird. Im Prasangika-Madhyamaka gilt nur ein Geist, der die Leerheit erkennt, als nicht fehlerhaft. Fehlerhaftes Bewusstsein kann im Hinblick auf sein Hauptobjekt richtig oder falsch sein; zudem kann es entweder begrifflich oder nicht begrifflich sein.

Frucht (*'bras*) – das am letzten Kulminationspunkt eines spirituellen Pfades (*lam*) Erlangte. Die Frucht des Mahayana-Pfades ist höchstes, vollkommenes Erwachen zur Buddhaschaft.

Geist (*blo*) – nicht der Behälter des Bewusstseins, sondern ein Synonym für Gewahrsein (*sems*) und Bewusstsein (*shes pa*). Die subjektive Erfahrung von jeglichem Objekt.

Geistesplage (*nyon mongs*) – ein Geistesfaktor, der Lebewesen an den Daseinskreislauf fesselt; beispielsweise Gier, Hass, Unwissenheit, Angst, Stolz, Neid.

Geistiges Bild (*don spyi*) – ein inneres geistiges Objekt, das repräsentiert, woran wir denken. Z. B. die allgemeine Idee, das allgemeine Bild von Softeis, das in meinem Geist entsteht, wenn ich das Wort »Softeis« höre und verstehe.

Ge-lug (*dge-lugs*) – die »Tradition der Tugend«, die von Tsong-khapa gegründete Tradition des tibetischen Buddhismus, der die Dalai Lamas angehören.

Geistesruhe (*zhi gnas*) – ein durch äußerst klare, einspitzige Aufmerksamkeit auf ein einziges Objekt sowie durch feine Geschmeidigkeit von Geist und Körper gekennzeichneter Geisteszustand.

Geschmeidigkeit (*shin sbyangs*) – Dienstbarkeit, Reaktivität von Geist und Körper, wie sie in der Meditationspraxis entwickelt werden.

Grundlage (*gzhi*) – alle existierenden Dinge, konventionelle und endgültige. Diese Dinge stellen die »Grundlage« für die Praxis des spirituellen Pfades (*lam*) dar und führen zur Frucht (*'bras*), d. h. zur Erleuchtung.

Gültig (*tshad ma*) – verlässlich, maßgeblich. In diesem Buch mit Bezug auf Bewusstseinsarten gebraucht, deren primäres Erfassen zweifelsohne richtig ist.

Ha-shang Mahayana – ein chinesischer Lehrer, der in der *Großen Abhandlung* als stereotype Figur fungiert und als solche die Lehre vertritt, man müsse die endgültige Wirklichkeit realisieren, indem man den Geist von jedem Gedanken frei hält.

Hinayana (*theg dman*) – buddhistischer Weg, auf dem man die eigene Befreiung anstrebt, anstatt die Buddhaschaft zum Wohl aller erlangen zu wollen; die mit diesem Weg verbundenen philosophischen Systeme.

Illusorisch (*sgyu ma lta bu*) – Objekte erscheinen im Geist, ohne objektiv in und aus sich selbst heraus zu existieren. Nach einer Meditation über die Leerheit kann man die Erfahrung der illusorischen Natur der Dinge machen.

Inhärente Existenz (*rang gi mtshan nyid gyi grub pa*) – das Existieren von etwas kraft seines intrinsischen oder essenziellen Charakters.

Intrinsische Natur (*rang bzhin*) – eine essenzielle Natur, kraft derer etwas zu einer unabhängigen Existenzweise gelangt, ohne durch die Kraft des Bewusstseins gesetzt zu werden. Die gänzliche Abwesenheit hiervon ist Leerheit.

Kamalashila – ein Svatantrika-Madhyamaka-Gelehrter aus Indien, der, der tibetischen Tradition zufolge, durch seinen Sieg in einer Debatte gegen Ha-shang den indischen Buddhismus als Modell für Tibet einführte.

Karma (*las*) – die Taten, zu denen wir uns entscheiden; auch der Einfluss der Taten, zu denen wir uns in der Vergangenheit entschieden haben.

Konsequenz (*thal 'gyur*) – ein Argument in der Form »Als Schlussfolgerung ist X der Fall, weil Y der Fall ist«. Oftmals eingesetzt, um einem Gegner in Debatten widersprüchliche Konsequenzen aufzuzeigen, wobei der Grund, Y, etwas ist, das der Gegner akzeptiert, und die Schlussfolgerung, X, etwas Absurdes, der Position des Gegners Widersprechendes.

Konventionelle Wahrheit (*kun rdzob bden pa*) – von einem konventionellen Bewusstsein, das die letztendliche Natur der Dinge nicht analysiert, vorgefundene Objekte. Schließt alles Existierende außer der Leerheit mit ein. Nichtexistierendes ist nicht inbegriffen.

Konzentration (*ting nge 'dzin*) – ein tugendhaftes Bewusstsein, das unabgelenkt von anderen Dingen auf sein Meditationsobjekt gerichtet bleibt.

Latente Veranlagung (*bag chags*) – nicht manifeste Formen von Geistesplagen. Wie die Saat früheren Unkrautes, verkörpern sie das Potenzial der Geistesplagen, sich abermals zu manifestieren.

Leerheit (*stong pa nyid*) – die völlige Nichtexistenz intrinsischer Natur. Beispielsweise besteht die Leerheit eines Tisches im Fehlen seiner aus intrinsischer Natur bewirkten Existenz.

Logik (*tog ge*) – ein formales System zur Formulierung und Auswertung vernünftiger Argumente.

Madhyamaka (*dbu ma*) – die philosophische Tradition des Mahayana, als deren Wegbereiter Nagarjuna gilt, der zufolge nichts in einem endgültigen Sinn existiert.

Mahayana (*theg chen*) – ein buddhistischer Weg, der auf dem Erleuchtungsgeist basiert, dem Streben nach Buddhaschaft zum Wohl aller Lebewesen; auch die philosophischen Systeme im Zusammenhang mit diesem Weg.

Meditative Stabilisierung (*bsam gtan*) – tugendhaftes Bewusstsein, das unabgelenkt von anderen Dingen auf sein Meditationsobjekt gerichtet bleibt.

Mitgefühl (*snying rje*) – der Wunsch, andere Lebewesen mögen frei vom Leid und den Ursachen des Leidens sein.

Nagarjuna – Autor der Lehrstrophen über die grundlegenden Lehren des Mittleren Weges (kurz: *Grundlegende Abhandlung*) sowie vieler anderer klassischer Abhandlungen; Gründer des Madhyamaka-Systems.

Natur (*rang bzhin*) – kann sich beziehen auf (1) eine konventionelle Eigenschaft eines Phänomens, z. B. die Hitze des Feuers; (2) eine intrinsische Natur, durch die etwas aus seiner eigenen Kraft heraus existiert; oder (3) die letztendliche Natur aller Dinge, ihr Leersein von intrinsischer Natur.

Nicht-Selbsthaftigkeit (*bdag med pa*) – die Nichtexistenz einer verdinglichten Natur, die fälschlicherweise von der Unwissenheit Personen und anderen Dingen beigelegt wird. Im Prasangika-Madhyamaka die Nichtexistenz intrinsischer Natur in einer Person oder anderen existierenden Dingen.

Nirvana (*myang ngan las 'das pa*) – die vollständige Auflösung in die Leerheit zumindest eines Teils der Geistesplagen, einschließlich der Auflösung aller Neigungen, diese im eigenen Geisteskontinuum jemals wieder entstehen zu lassen.

Pfad (*lam*) – Bewusstseinszustand, der Teil einer zur Befreiung führenden Praxis ist; gemeinhin verwendet, um sich im weitesten Sinne auf die fortschreitende Abfolge solcher Bewusstseinsarten zu beziehen.

Prasangika (*thal 'gyur pa*) – das Madhyamaka-System Chandrakirtis und seiner Anhänger, gekennzeichnet durch Zurückweisung auch konventioneller intrinsischer Natur. Zudem gebraucht für eine Person, die diesem System nicht unverbindlich vage, sondern auf der Grundlage eines fundierten Verständnisses folgt.

Realist (*dngos por smra* ba) – jemand, der die Auffassung vertritt, einige oder alle Phänomene verfügten über endgültige Existenz, was bedeutet, dass sie von einem Geist, der ihre wahre Natur sucht, analytisch lokalisierbar sind.

Reductio ad absurdum (*'gal ba'i thal 'gyur*) – ein Argument, dessen These absurd ist, jedoch logisch aus einer Proposition folgt, die eine andere Person für gültig erachtet.

Samsara (*'khor ba, srid pa*) – der anfanglose Kreislauf des Leidens, in dem alle Lebewesen durch ihr Karma und ihre Geistesplagen gefangen sind.

Schlussfolgerung (*rig pa*) – ein Argument, dessen man sich bedient um schlussfolgerndes Wissen zu erlangen; der allgemeine Prozess der Formulierung und des Gebrauchs derartiger Argumente.

Selbst (*bdag*) – bezieht sich bisweilen auf Personen, d. h. auf etwas, das konventionell existiert. Meist jedoch gebraucht mit Bezug auf eine verdinglichte Natur, die keineswegs existiert, aber Personen und Dingen fälschlicherweise beigelegt wird.

Selbstständiger Syllogismus (*rang rgyud*) – ein Syllogismus, dessen Teile alle auf derselben Art gültigen Wissens aufbauen, das sowohl für die Person, die den Syllogismus vorbringt, als auch für die Person, der er vorgetragen wird, Gültigkeit hat. Dies ist möglich, weil beide die intrinsische Natur des behandelten Gegenstandes erkennen.

Shantarakshita – ein Svatantrika-Madhyamaka, der anders als Bhavaviveka vom buddhistischen Idealismus beeinflusst wurde und die Auffassung vertrat, es gebe keine Objekte außerhalb des Geistes.

Sherab Gyaltsen (*shes rab rgyal mtshan*) – äußerst einflussreicher tibetischer Lehrer des 14. Jahrhunderts, der die Lehre der »Leerheit von anderem« vertrat, der zufolge Leerheit nicht als Fehlen von eigener intrinsischer Natur in den Dingen, sondern als ihr Mangel an Identität mit dem Endgültigen verstanden wird.

Sicht (*lta ba*) – philosophische Folgerung. Von Tsong-kha-pa oft als ein Kürzel für »die korrekte Sicht« (*yang dag pa'i lta ba*) gebraucht, d. h. für die Position, alle Dinge seien leer.

Sicht der vergehenden Aggregate (*'jig tshog lta b*a) – eine Art des unwissenden Geistes, ein falsches Bewusstsein, das die eigene Person als intrinsisch existent ansieht. Die Wurzelursache des Daseinskreislaufs.

Spiritueller Lehrer (*bla ma*) – eine Person, auf deren Anleitung zur Praxis des Weges sich ein Praktizierender stützt.

Stabilisierende Meditation (*'jog sgom*) – Meditation, die den Geist in einen Zustand der stabilen, einspitzigen Aufmerksamkeit versetzen bzw. zurückversetzen will.

Sutra (*mdo*) – nicht tantrische Schrift, die als Buddhawort gilt.

Svatantrika (*rang rgyud pa*) – die mit den Werken Bhavavivekas einsetzende Tradition des Madhyamaka, die (nach Tsong-khapa) sich durch die Sicht auszeichnet, nichts existiere letztendlich, doch wiesen die Dinge konventionell intrinsische Natur auf.

Syllogismus (*'byor b*a) – ein Argument der Form »Für X gilt Y, weil Z der Fall ist; dies gilt auch für Q«. Zum Beispiel: »Mein Körper ist unbeständig, weil er von Ursachen und Bedingungen hervorgebracht wurde, ganz so wie der Morgentau.«

Tantra (*rgyud*) – Vajrayana, oder Schriften des Vajrayana.

Tetralemma – ein viergliedriges Argument, das letztendlich existierende Hervorbringung eines jeden Existierenden widerlegt.

Tugend (*dge ba*) – ist das, was die Bedingungen für zukünftiges Glück schafft.

Unbeständigkeit (*mi rtag pa*) – die Eigenschaft, sich von Augenblick zu Augenblick zu verwandeln; auch die offensichtlichere Eigenschaft, in einer Weise zu existieren, die früher oder später Zersetzung, Auflösung, Zerfall mit sich bringt.

Unwissenheit (*ma rig pa*) – falscher Begriff von etwas oder Täuschung; oftmals verwendet für die falsche Auffassung, etwas verfüge über intrinsische Natur.

Vajrayana (*rdo rje'i theg pa*) – der Pfad des esoterischen Buddhismus, auf dem man unter Anleitung eines qualifizierten Lehrers die Praxis des Gottheiten-Yoga erlernt – d. h. die von Überzeugung getragene Visualisierung des eigenen Körpers, Geistes, der eigenen Rede, Umgebung und Gefährten als Attribute eines vollkommen erleuchteten Buddhas.

Verdienst (*bsod nams*) – Die Kraft früherer tugendhafter Taten.

Vollkommenheiten (*pha rol tu phyin pa*) – auf dem Bodhisattva-Pfad praktizierte Tugenden.

Wachsamkeit (*shes bzhin*) – ein Geist, der genau darüber wacht, ob Schlaffheit oder Aufgeregtsein während der Praxis stabilisierender Meditation auftreten, zum Beispiel die geistige Qualität, die es ermöglicht, ein Abschweifen vom Meditationsobjekt zu bemerken.

Weisheit (*shes rab*) – korrektes, unterscheidendes Wissen letztendlicher und konventioneller Wahrheiten.

Wirklichkeit (*de kho na nyid, chos nyid, de bzhin nyid*) – Synonym für Leerheit, die letztendliche Wahrheit.

Literaturempfehlungen

Ich empfehle das Buch ***Das Leben tiefer verstehen*** (*Verlag Herder*, 2007) seiner Heiligkeit des XIV. Dalai Lama. Es bietet eine äußerst klare Zusammenfassung davon, wie über Leerheit meditiert wird.

Der vorliegende Band basiert hauptsächlich auf dem Abschnitt Einsicht (Band III) von Tsong-kha-pas ***Große Abhandlung über den Stufenweg***. Ich hoffe, dass Sie mein Buch benutzen werden, um sich in Tsong-kha-pas Lehren über den Weg einzuarbeiten.

Als traditionellen Kommentar zu Tsong-kha-pas ***Großer Abhandlung*** aus der Feder eines Experten verweise ich auf die Serie ***Steps on the Path to Enlightenment*** von Geshe Sopa (*Wisdom Publications*, 2004). Die Serie ist noch nicht bei der Abteilung über die Leerheit angelangt.

Elizabeth Nappers ***Dependent Arising and Emptiness*** (*Wisdom Publications,* 1989) enthält eine frühere Übersetzung und klare Erläuterung eines großen und wichtigen Teiles dessen, was in Band III der *Großen Abhandlung* behandelt wird.

Zwei Bücher, die ich zu Beginn meines Studiums gelesen habe, sind nun neu aufgelegt und noch immer großartige Ausgangspunkte: Kensur Lekdens ***Meditations of a Tibetan Tantric Abbot*** (*Snow Lion Publications,* 2001) und Sopa und Hopkins, ***Cutting through Appearances*** (*Snow Lion Publications,* 1990).

Als Ergänzung zu *Das Leben tiefer verstehen* seien wenigstens drei der unlängst erschienenen Bücher des Dalai Lama genannt, die sich direkt mit der Leerheit befassen: ***Der Weg zum Glück: Sinn im Leben finden*** (*Verlag Herder*, 2009) bietet eine sehr grundlegende Einführung. ***Der buddhistische Weg zum Glück: Das Herz-Sutra*** (*O. W. Barth Verlag*, 2004) erklärt diesen berühmten Text und ***Weisheit erkennen, mehren und Tag für Tag üben*** (*O. W. Barth Verlag*, 2007) erläutert das Weisheits-Kapitel in Shantidevas *Weg des Boddhisattva.*

In ***Realizing Emptiness*** (*Snow Lion Publications*, 1999) legt Gen Lamrimpa dar, wie man Madhyamaka-Argumentation zur Erkenntnis der Wirklichkeit einsetzt.

Contemplating Reality (*Shambhala*, 2007) von Andy Karr ist ein geistreiches, gut geschriebenes Buch, das uns zeigt, wie eine andere Tradition innerhalb des tibetischen Buddhismus einige der hier vorgestellten Themen sieht.

Tsong-kha-pas ***Ocean of Reasoning*** (*Oxford University Press*, 2006), übersetzt von Geshe Ngawang Samten und Jay Garfield, bietet einen detaillierten Kommentar des wichtigsten indischen Madhyamaka-Texts, Nagarjunas *Grundlegende Abhandlung.*

Meditation on Emptiness (*Wisdom Publications*, 1983) von Jeffrey Hopkins ist das klassische, umfassende und maßgebliche Werk zu diesem Thema. Sie werden es nicht in einer Sitzung durchlesen, aber Sie werden jahrelang zu diesem Buch zurückkehren. In ***Emptiness Yoga*** (*Snow Lion Publications*, 1987) spricht derselbe Autor mit einer persönlicheren Stimme und begleitet uns auf einer minutiösen Analyse der Art und Weise, wie unsere gewöhnliche Weltwahrnehmung falsch ist.

Einige Leser haben meinen Text ***Appearance and Reality*** (*Snow Lion Publications*, 1999) hilfreich gefunden, worin untersucht wird, wie die Ge-lug-Tradition die Beziehung zwischen endgültiger und konventioneller Wahrheit versteht. In ***The Two Truths*** (*Snow Lion Publications*, 1992) unterziehe ich die Bemühungen von Ge-lug-Gelehrten, einige der subtileren Punkte der Madhyamaka-Philosophie auszuarbeiten, einer gründlichen Untersuchung.

Anmerkungen

1 Dieses Kapitel basiert hauptsächlich auf der *Großen Abhandlung*, Band 2.

2 Die Textgrundlage für dieses Beispiel findet sich im Zusammengefassten *Sutra von der Vollkommenheit der Weisheit*, worin es heißt:

> Untersuche als Beispiel dafür, wie man den Raum anzuschauen pflegt,
> Den sprachlichen Ausdruck, mit dem Lebewesen »den Raum sehen« ausdrücken.
> Auf eben diese Weise lehrt der Tathagata, den Dharma zu sehen.
> Andere Beispiele vermögen die Bedeutung dieses Sehens nicht zu vermitteln.
> In gewöhnlicher Sprache bezeichnen wir das Nichtsehen verstellenden Kontakts als »Sehen des Raumes«.

In analoger Weise heißt das Nichtsehen von Form aus der Perspektive eines endgültigen Geistes, der nach diesem Objekt innerhalb seiner Benennungsgrundlagen sucht, »die Leerheit der Form sehen«.

Das Sutrazitat in dieser Fußnote ist meine Übersetzung eines Absatzes, den Jamyang Shebas *Große Darstellung des Mittleren Weges* anführt (vgl. Jam-yang-shey-ba [1972]: *Great Exposition of the Middle Way*, in: *Collected Works* of Jam dbyang bshad pa, Band IX, Neu Delhi, Ngawang Gelek Demo, Seite 579).

3 Dieses Kapitel basiert hauptsächlich auf der *Großen Abhandlung*, Band 3, Kapitel 7-9.

4 Dieses Kapitel basiert hauptsächlich auf der *Großen Abhandlung*, Band 3, Kapitel 10 und 11.

5 Dieses Kapitel basiert hauptsächlich auf der *Großen Abhandlung*, Band 3, Kapitel 12 und 14.

6 Dieser Abschnitt orientiert sich an Hopkins *Meditation on Emptiness* (*Wisdom Publications*, 1983), Seiten 545–547, in dem

ein sehr klarer Abschnitt aus Den-dar-hla-ram-ba Presentation of the *Lack of Being One or Many* aus *Collected Works*, Band 1 (New Delhi: Lama Guru Deva, 1971), 425.1ff. angeführt wird.

7 Dieses Kapitel basiert hauptsächlich auf der *Großen Abhandlung*, Band 3, Kapitel 13, 15 und 24.

8 Dieses Kapitel basiert hauptsächlich auf der *Großen Abhandlung*, Band 3, Kapitel 15 und 16.

9 Mein Kommentar hier basiert auf dem Kommentar zum *Herz-Sutra* in Geshe Rabten (1999), *Heart Sutra*, auszugsweise erschienen in: Jean Smith (Hrsg.) *Radiant Mind, Riverhead Books*, Seite 183.

10 Vgl. z. B. David Rüegg (1981): *The Literature of the Madhyamaka School of Philosophy in India*, Otto Harrassowitz, Seiten 2-3.

11 Dieses Kapitel basiert hauptsächlich auf der *Großen Abhandlung*, Band 3, Kapitel 16 und 17.

12 Das »A«-Beispiel wurde in veränderter Form übernommen aus Jeffrey Hopkins (1984): *The Tantric Distinction*, Boston, *Wisdom Publications*, Seiten 16-18. Wahrscheinlich habe ich mir auch noch andere Beispiele, die ich in diesem Buch verwende, zu eigen gemacht und sie verinnerlicht, nachdem ich sie von Jeffrey zuerst gehört hatte.

13 Dieser Abschnitt wurde inspiriert von Geshe Rabten (1989): *Song of the Profound View*, Boston, *Wisdom Publications*, ein Buch mit kurzen Versen nebst einem Autorkommentar, die seine Erfahrungen vor, während und nach einem ausgedehnten Meditations-Retreat enthalten. Ich schätze diesen Text, der tiefe persönliche Erfahrungen beschreibt und Zweifel ebenso ehrlich zur Sprache bringt, wie er Einsichten formuliert. Auf Seite 48 erklärt der Autor, seine meditativen Untersuchungen der Leerheit hätten mit einem »tiefen Angerührtsein« eingesetzt, als sein Lehrer sich einer 100 Rupien-Banknote bedient habe, um die aus Zuschreibungen hervorgehende Natur der Phänomene zu erklären.

14 Dieses Kapitel basiert hauptsächlich auf der *Großen Abhandlung*, Band 3, Kapitel 17-20.

15 Dieses Kapitel basiert hauptsächlich auf der *Großen Abhandlung*, Band 3, Kapitel 21 und 22.

16 Aus dem 2. Kapitel des Klassikers von Lewis Caroll, *Alice in Wonderland*. Eine schöne Ausgabe bietet *Modern Library* (2002).

17 Vgl. Jeffrey Hopkins (1987): *Emptiness Yoga*, Ithaca, *Snow Lion Publications*, Seite 207.

18 Dieses Kapitel basiert hauptsächlich auf der *Großen Abhandlung*, Band 3, Kapitel 25-27.

19 Andernorts (*Great Treatise*, Band III, Seiten 146-147) bedient sich Tsong-kha-pa des Satzes vom Ausgeschlossenen Dritten und stützt ihn durch ein Nagarjuna-Zitat: »Die Beschränkung des Sachverhalts auf zwei Möglichkeiten – entweder existieren die Dinge intrinsisch oder nicht – erwächst aus der universellen Einschränkung, dass alles Vorstellbare entweder existiert oder nicht existiert. In ähnlicher Weise basiert die Einschränkung, der gemäß etwas, das wahrhaftig existiert, entweder als eine Einzahl oder eine Vielzahl existieren muss, auf der universellen Einschränkung, dass jedes Existierende entweder im Singular oder im Plural existiert. Besteht eine derartige Einschränkung, ist jede weitere Alternative notwendig ausgeschlossen. Somit ist es vollkommener Unsinn, die Existenz eines Phänomens zu behaupten, auf welches keines von beiden zuträfe. Wie es in Nagarjunas *Vigrahavyavartani* heißt:

> Wäre die Abwesenheit intrinsischer Existenz umgestoßen,
> So wäre damit intrinsische Existenz etabliert.

20 Das zweifache Zitieren dieser Verse in *Große Abhandlung* (Band III, Seiten 108 und 345) umgibt Hunderte von Seiten mit einer Art Klammer, von der die gesamte Präsentation der Einsicht eingerahmt wird.

21 Das Glossar dient Lesern zur Orientierung auf dem Weg und will keinen Beitrag zum gelehrten Diskurs liefern. Einige Einträge basieren auf den in der Ge-lug-Scholastik gebräuchlichen Definitionen, doch wurde die Mehrzahl in der Absicht formuliert, eher informativ als definitiv zu sein.

Der Diamant Verlag

ist Mitglied in der *Gesellschaft zur Erhaltung der Mahayana-Tradition* (FPMT), einem Zusammenschluss von etwa 140 Meditations-, Studien- und Klausurzentren rund um den Erdball, die unter der Leitung von Lama Thubten Zopa Rinpoche stehen.

Falls Sie Interesse an den Lehren von Lama Thubten Yeshe und Lama Thubten Zopa Rinpoche haben, können Sie sich an eines der FPMT-Zentren wenden. Deutschsprachige Kurse gibt es in folgenden Zentren:

Aryatara Institut
Barerstr. 70/Rgb.
D-80799 München
www.aryatara.de

Longku Zopa Gyu Zentrum
Zentrum für Buddhismus
Reiterstr. 2
CH-3013 Bern
www.zentrumfuerbuddhismus.ch/fpmt

Meditationshaus Kushi Ling
PB 118
Laghel 19
I-38062 Arco/Tn.
www.kushi-ling.com

Panchen Losang Chogyen Zentrum
Naafgasse 18
A-1180 Wien
www.fpmt-plc.at

Informationen über die weltweite Organisation:
www.fpmt-europe.org
www.fpmt.org

Weitere Titel aus dem Verlagsprogramm

Berzin Alexander, *Den Alltag meistern wie ein Buddha*

Chodron Thubten, *Tara die Befreierin*

Dalai Lama, *Der Stufenweg zu Klarheit, Güte und Weisheit*

Dalai Lama, *Die Lampe auf dem Weg*

Dalai Lama, *Ein menschlicher Weg zum Weltfrieden*

Dalai Lama, *Mögen alle Wesen glücklich sein*

Gen Lamrimpa, *Kalachakra. Die drei Zyklen der Zeit*

Kensur Jampa Tegchok, *Leerheit und Abhängiges Entstehen*

Geshe Thubten Ngawang, *Mit allem verbunden*

Geshe Yeshe Tobden, *Der Weg des sanften Kriegers*

Khunu Lama Tenzin Gyaltsen, *Allen Freund sein*

Ladner Lorne, *Die verlorene Kunst des Mitgefühls*

Lama Yeshe, *Allumfassende Liebe*

Lama Yeshe, *Der Buddha des Mitgefühls*

Lama Yeshe, *Die Grüne Tara. Weibliche Weisheit*

Lama Yeshe, *Grenzenlos ist die Kraft des Geistes*

Lama Yeshe, *Inneres Feuer*

Lama Yeshe, *Meditieren. Selber denken. Tief verstehen*

Lama Yeshe, Lama Zopa u. a., *Heilung. Tibetische Lehren und Übungen*

Lama Yeshe, *Vajrasattva. Heilung und Transformation im tibetischen Tantra*

Lama Yeshe, *Wege zur Glückseligkeit. Einführung in Tantra*

Lama Zopa Rinpoche, *Herzensrat eines tibetischen Meisters*

Lama Zopa Rinpoche, *Lieber Lama Zopa*

Lama Zopa Rinpoche, *Mitgefühl, Heilkraft für Geist und Körper*

Lama Zopa Rinpoche, *Probleme umwandeln*

Landaw John, Weber Andy, *Bilder des Erwachens. Tibetische Kunst als innere Erfahrung*

Landaw Jonathan, *Prinz Siddharta. Das Leben des Buddha*

Mackenzie Vicki, *Die Wiedergeburt. Ein tibetischer Lama kehrt zurück*

Mackenzie Vicki, *Im Westen wiedergeboren*

Pabongka Rinpoche, *Befreiung in unseren Händen, Band 1*

Pabongka Rinpoche, *Befreiung in unseren Händen, Band 2*

Tsongkhapa, *Der Mittlere Stufenweg*

Besuchen Sie uns im Internet:
www.diamant-verlag.info

Auslieferung:
Herold Verlagsauslieferung
Raiffeisenallee 10
82041 Oberhaching/München